1 Ernährung bei malignen Erkrankungen

Diese Empfehlungen bitte immer mit Ernährungsberater/in, Arzt oder Diätologen/in absprechen! Die Rezepte und Zutatenlisten unterstützen die medizinischen Therapien.

Die Kalorienangaben frischer Zutaten (Obst und Gemüse) und die Inhaltsstoffe schwanken je nach Qualität und Erntezeit. Die Inhalte wurden von einer Diätologin und einer Ernährungsberaterin für die Traditionelle Chinesische Medizin (TCM) geprüft.

Autor:
©2022 Josef Miligui
Liebe Leserinnen und Leser, ich wünsche Ihnen viel Erfolg und gutes Gelingen bei der Umstellung Ihrer Ernährung. Dieses Buch wurde aus eigener Erfahrung mit Krankheit und Ernährung geschrieben und ich habe schon immer das Zubereiten guter Speisen geschätzt. Wenn Sie nicht so geübt sind im Kochen, empfiehlt sich ein Kurs bei Ernährungsberatern oder Diätologen, die Ihnen die Grundlagen der Kochmethoden sowie die richtige Verarbeitung der Zutaten vermitteln können. Anhand der Lebensmittellisten aus diesem Buch können Sie weitere Rezepte entwickeln und entdecken.

Quelle:
Die Listen werden aus der EBNS-Datenbank für die Ernährungsberatung generiert. Die Datenbank wird von Ernährungsberater, Therapeuten und Ärzte für die Beratung der Patienten/Klienten verwendet und ermöglicht eine Kombination mehrerer Syndrome.

Literaturliste:
Wir haben die Unterlagen als Wissensbasis genutzt und an unsere Erfahrungen angepasst und ergänzt.
www.ebns.at

Herstellung und Verlag:
BoD – Books on Demand, Norderstedt
ISBN: 9783837065497

DIÄTETIK - veränderter Nährstoffbedarf - bei malignen Erkrankungen

(Buch: 049)

1.1 Vorwort

Die Weltgesundheitsorganisation (WHO) davon spricht, dass bis zu 80% der Erkrankungen durch äußere Faktoren wie Ernährung, Lebensstil, Umweltgifte und dergleichen beeinflusst werden.

Welche Faktoren also jeder einzelne von uns aktiv beeinflussen kann und somit seine Chancen auf Erhöhung der allgemein Gesundheit erzielen kann, darum geht es auf den folgenden Seiten.

Der Fokus in diesem Buch liegt auf dem Faktor mit der größten Hebelwirkung - der Ernährung.
Schon Hippokrates hat einst gesagt "Lass die Nahrung deine Medizin sein und Medizin deine Nahrung!" Kräuterpädagog:innen heute sagen so: "Es gibt für jede Krankheit das richtige Kraut."

Egal wie wir es drehen und wenden, wir sind was wir essen (und was unser Essen gegessen hat). Der moderne Mensch sieht sich gerne isoliert von seiner Umwelt. Wir entstehen aus unserer Umwelt, wir leben inmitten von ihr und wenn wir sterben gehen wir wieder in unsere Umwelt über. Während wir leben essen wir das, was in unserer Umwelt wächst (oder in Fabriken chemisch erzeugt wird). Diese Nahrung liefert die Energie und Bausteine, für den eigenen Körper, für den Stoffwechsel, Zellerneuerung, den Hormonhaushalt und damit für unser gesamtes Sein, die Gesundheit und unser Empfinden.

Hier ein paar Grundbausteine, bevor in dem Buch noch näher auf Ernährungsfaktoren eingegangen wird, die sozusagen der kleinste gemeinsame Nenner der meisten Ernährungsphilosophien sind:

- Saisonalität
  - Winterpflanzen, wie zum Beispiel verschiedene Kohlgewächse, versorgen uns mit Unmengen von Vitamin C und Bitterstoffen. Zwei Faktoren, die unser Immunsystem bei der Abwehr von der Kälte und den typischen Infekten in der Winterzeit unterstützen.
  - Sommerpflanzen wie zum Beispiel Gurken, Tomaten aber auch Zitrusfrüchte kühlen unseren aufgeheizten Körper und versorgen uns mit viel Wasser.

- o Außerdem müssen bei saisonalen Pflanzen weniger chemische Helferlein eingesetzt werden, da die passenden Umweltfaktoren das Wachstum sowieso fördern.
- Regionalität
  - o Damit einher geht auch der Faktor der Regionalität. Regionale pflanzliche Lebensmittel werden reif geerntet und haben somit alle Nährstoffe entwickeln können. Im Gegensatz dazu wird Obst und Gemüse aus ferneren Ländern unreif geerntet und nur durch den Einsatz von chemischen Mitteln unnatürlich "nachgereift" - bzw. nur nach-gefärbt. Die Dichte der Nährstoffe und auch der Geschmack kann dabei niemals mit regionalen Lebensmitteln mithalten. (Sie haben es vielleicht schon selber erlebt, dass eine Südfrucht aus dem jeweiligen Ursprungsland dort im Urlaub viel süßer und vollmundiger schmeckt als die gleiche Frucht aus dem zentraleuropäischen Supermarkt).
- Pflanzenbasierte Ernährung
  - o Ja, diese Basis teilen selbst die Anhänger der Fleischdiät mit den Veganern. Denn bei der Fleischdiät geht es auch um Fleisch von Tieren, die sich artgerecht, sprich von vielen Gräsern und Kräutern ernährt haben. Die Masse an Getreide in der heutigen Ernährung - egal ob bei Mensch oder Tier - entspricht nicht der natürlichen Ernährungsweise. Sie macht uns krank, dick und manche behaupten sogar dumm (das weist auf die Schädigung der neuronalen Netzwerke hin, die durch den Konsum von Kohlenhydraten passiert hin). Pflanzen im Sinne von Gemüse, Kräutern, Salaten, Sprossen, in geringen Mengen Obst, Nüsse, Samen, etc. liefern neben den viel beschriebenen Vitaminen und Mineralstoffen vor allem sekundäre Pflanzenstoffe, die herausragende Heilwirkung haben. So werden eine Vielzahl unserer Medikamente auf Basis der natürlich vorkommenden Pflanzenstoffe nachgebaut. Allerdings sind da diverse Säuren und andere Wirkstoffe extrahiert und wirken nur alleine - mit den Pflanzen selbst nehmen wir sie in einer reichhaltigen und sich gegenseitig verstärkenden Kombination vielerlei wirksamer Stoffe zu uns.

Ja zusätzlich zu diesen 3 großen Punkten gibt es immer noch sehr viel zu beachten. Ein optimales Verhältnis von Omega 3 zu Omega 6 Fettsäuren (empfohlen wird 1:3), eine individuell und situationsbedingte Eiweißversorgung und so weiter.

Eine ganz gute und einfache Richtlinie für die alltägliche Ernährung bietet der ideale Teller. Der sieht so aus, dass möglichst jede Mahlzeit zur Hälfte aus pflanzlichen Bestandteilen besteht, ein Viertel der Eiweißversorgung dient und ein Viertel die Mahlzeit durch gute Fette und eventuell Kohlenhydrate abrundet.

Die Feinjustierung rund um die Zubereitungsarten, die Zusammenstellungen und so weiter sehe ich als sehr individuell an. Es gibt meines Erachtens nicht die 1 perfekte Ernährung. Es gibt so viele großartige Philosophien und Studien, die alle wunderbare Heilungen berichten und sich dabei aber gegenseitig ausschließen. Was auf den ersten Blick vielleicht paradox wirkt, eröffnet bei näherer Betrachtung ganz viele Möglichkeiten des Probierens und neuer Chancen.

Neben der Ernährung werden noch folgende Faktoren genannt:
- die Giftstoffbelastung in unserer Umwelt sowie in Pflegeprodukten oder eben in der Ernährung
- eine Balance aus Aktivität, (kurzzeitigem) Stress und der Entspannung wie auch Schlaf
- Aufarbeitung der emotionalen Wunden aus der Vergangenheit und Steigerung der Resilienz
- Biologische Zahnheilkunde
- eine optimierte Versorgung durch Heilkräuter, Heilpilze udgl.
- Früherkennung durch bewährte und schonende Verfahren

1.2 Beschreibung

Verhütung beziehungsweise Beseitigung tumorassoziierter Mangelernährung, um Allgemeinbefinden und Belastbarkeit für die aggressive Tumortherapie zu verbessern.
Zulage von energie- und nährstoffreichen Zusatz- und Zwischengerichten (Milchmixgetränke, Süßspeisen, Eis ...) unter

Verwendung von Obers, Zucker, Maltodextrin, Eiweißkonzentraten oder anderem. Einsatz von Zusatznahrungen, um Lebensqualität zu verbessern.
- Häufige kleine Mahlzeiten
- Flüssigkeitszufuhr erhöhen (2,5-3 1 pro Tag), besonders bei Behandlung mit Zytostatika die Möglichkeit der Energiezufuhr mit Getränken nützen
- Wunschkost! Erlaubt ist alles, was dem Patienten schmeckt und bekommt!

1.3 Therapiestrategie

Ernährungsanamnese, um bisherige Essgewohnheiten, Nährstoffversorgung, Vorlieben für bestimmte Speisen und Getränke, Aversionen, Intoleranzen, Störungen des Geschmackssinnes oder Probleme beim Schlucken zu berücksichtigen.

Bedarfsangepasste Erhöhung der Nahrungszufuhr.
Eiweiß 1,3-2 g pro kg Normalgewicht.
Fett 1,5-2 g pro kg Normalgewicht.
Kohlenhydrate 4-7 g pro kg Normalgewicht.
Kalorien 35-40 kcal pro kg Normalgewicht.
Vitaminsubstitution nach Absprache mit dem behandelnden Arzt.

1.4 Vermeiden

Rauchen, Kaffee, Zucker, Alkohol, scharfe Speisen. halbrohe oder rohe Fleisch und Wurstprodukte, Geräuchertes, Stress.

2 Speiseplan

2.1 Frühstück

Couscous-Salat 338,2
Gekochter Selleriesalat mit exotischen Gewürzen 165,1
Götterspeise 60,0
Karottendrink 143,0
Kartoffelcreme mit Kräuter-Frischkäse 217,0
Kompott aus Zwetschgen 22,8
Mango-Bananen-Joghurt-Drink eiskalt 121,4
Obstsaftgetränk 175,5
Porridge mit Rosinen und Sake..427,0
Reis-Congee mit Honigbirne und schwarzem Sesam..................158,9
Reis-Congee mit zerstoßenen Walnüssen 406,5
Reisnudelsuppe mit Shiitakepilzen.......................................65,5
Reispudding...316,2
Rettichgemüse mit Meerrettich 196,0
Rettichsaft mit Rohrzucker...89,0
Rote Grütze mit Schlagsahne..123,5
Rotwein mit Eigelb 242,5
Süß-pikanter Gerstensalat..511,1
Tsampa mit Marmelade oder Obstkompott 280,0
Vanillepudding 254,7
Vitamindrink 172,1
Vollmilch-Getreide-Brei..206,0
Zwetschgen mit Bio-Quark 141,0

2.2 Jause

Karotten mit Kartoffelschnee 316,1
Karotten-Kartoffel-Rucola Brötchen......................................94,0
Rettich-Apfel-Joghurt-Frischkost 77,0
Rhabarberkuchen mit Streuseln 475,8

2.3 Mittag

2.4 Nachmittag

2.5 Abend

3 Rezepte

empfehlenswert = Sie können mehr verwenden
wenig = wenn möglich weniger verwenden
weniger als angegeben = möglichst nicht verwenden

3.1 Andalusischer Fischtopf

Stärkt Immunsystem, beugt Krebs vor, löst Stagnation, fördert
Gewichtsabnahme, regt Appetit an. Gut bei Abwehrschwäche,
Appetitlosigkeit, Blähungen, Bluthochdruck, Depressionen, Diabetes,
Durchfall.

Anzahl Portionen: 4
Kalorien p. Portion 348
Gramm p. Portion 355,05
Kochdauer ca. 30 Min.
Allergene: ADLO
(Kohlehydrat:71,39% / Eiweiß & Fett:28,61%)
100g.≈ Eiweiß 20,04g. Fett:6,52g.
µg. - Ph:15,55 Na:20,18 Ka:34,69 Mg:13,44 Ca:42,9 Fe:0,13 Zn:0,02 Col.:0,79 Hsr.:9,89

Zutaten:
Grundrezept für eine Gemüsebrühe 500 ml. / 500g. (ja)
Zwiebel Frühlingszwiebel 2 Stück / 40g. (ja)
Olivenöl 1 EL / 20g. (ja)
Zitrone Schale 1/2 Stück / 3g. (ja)
Lorbeerblatt 1 Stück / 1g. (ja)
Kartoffel 200 g / 200g. (ja)
Kabeljau 300 g. / 300g. (ja)
Weißwein 4 EL / 80g. (wenig)
Zitrone Saft 1/2 EL / 10g. (ja)
Salz 1 Prise / 1g. (wenig)
Pfeffer gemahlen 1 Prise / 0,2g. ()
Petersilie 1 EL / 15g. (ja)
Weißbrot (Weizenbrot) 8 Scheiben / 250g. (ja)

Kochanleitung:
Gemüsebrühe mit kleingeschnittenen Frühlingszwiebeln, Olivenöl,
abgeriebener Zitronenschale und Lorbeerblatt zum Kochen bringen und
zugedeckt 10 Min. kochen. Geschälte, kleingewürfelte Kartoffeln
zufügen und in ca. 8 Min. fast weich kochen. Fischstücke und Weißwein
zugeben und den Herd auf kleine Stufe schalten. In der leicht
kochenden Brühe den Fisch in wenigen Minuten gar ziehen lassen. Mit
Zitronensaft, Salz und Pfeffer abschmecken und mit Petersilie bestreut
servieren. Als Beilage Weißbrot dazu reichen.

3.2 Austernpilze mit Spargel

Baut Kräfte auf, lindert Entzündungen, fördert Verdauung, senkt Cholesterinspiegel, stärkt Nieren, baut Essenz auf, befeuchtet den Darm, regt Leberfunktion an, fördert Durchblutung, verbessert Medikamentenwirkung, regt Appetit an.

Anzahl Portionen: 4
Kalorien p. Portion 317
Gramm p. Portion 383,02
Kochdauer ca. 30 min.
Allergene: GH
(Kohlehydrat:49,87% / Eiweiß & Fett:50,13%)
100g.≈ Eiweiß 9,44g. Fett:18,25g.
µg. - Ph:15,89 Na:1,2 Ka:61,95 Mg:4,83 Ca:6,05 Fe:0,2 Zn:0,03 Col.:0,39 Hsr.:28,42

Zutaten:
Zwiebel weiss 1 Stück / 50g. (ja)
Butter Bio 2 EL / 40g. (ja)
Austernpilze 300 g. / 300g. (ja)
Sake 2 EL / 40g. (ja)
Petersilie 2 EL / 40g. (ja)
Walnüsse 3 EL / 60g. (empfehlenswert)
Spargel (grün oder weiß) 500g. / 500g. (ja)
Salz 1 Prise / 1g. (wenig)
Zucker (weiß, aus Rüben) 1 Prise / 0,1g. (empfehlenswert)
Kartoffel 1/2 Kg. / 500g. (ja)
Salz Kräutersalz 1 Prise / 1g. (wenig)

Kochanleitung:
Bio-Kartoffeln in der Schale kochen, sonst Salzkartoffeln zubereiten. Spargel in Salzwasser mit einer Prise Zucker und Salz kochen. Um die Bitterstoffe aufzunehmen, kann ein altbackenes Brötchen mitgekocht werden. Die klein geschnittenen Zwiebeln in einer Pfanne in der Butter leicht anbraten, dann die mundgerecht geschnittenen Austernpilze zugeben und ebenfalls kurz anbraten und unter mehrmaligem Umrühren 15 Min. dünsten. Sake, Walnüsse und Petersilie zufügen und auf kleiner Flamme köcheln lassen, während Sie Kartoffeln und Spargel abgießen. Zum Schluss noch etwas Kräutersalz drüberstreuen. Wenn kein frischer Spargel verfügbar ist, kann Spargel aus Gläsern verwendet werden.

3.3 Bandnudeln mit Blattspinat

Fördert Verdauung und Durchblutung, stärkt Magen und Darm, verbessert Bauchspeicheldrüsenfunktion. Gut bei Appetitlosigkeit, Blähungen, Darmentzündungen, Fettsucht, Magengeschwüren, Magenkrämpfen, Rheuma, Sodbrennen, Zwölffingerdarmgeschwüren.

Anzahl Portionen: 2
Kalorien p. Portion   723
Gramm p. Portion   317,5
Kochdauer ca.   45 Min.
Allergene: ACG
(Kohlehydrat:59,52% / Eiweiß & Fett:40,48%)
100g.≈ Eiweiß 22,78g. Fett:36,63g.
µg. - Ph:63,29 Na:34,15 Ka:107,6 Mg:22,1 Ca:56,13 Fe:0,98 Zn:0,22 Col.:8,06 Hsr.:39,35

Zutaten:
Spinat 250 g. / 250g. (ja)
Salz 1 Prise / 1g. (wenig)
Nudeln (Weizen, Bandnudeln) mit Ei 200 g. / 200g. (ja)
Olivenöl 1 EL / 15g. (ja)
Zwiebel Frühlingszwiebel 1 Stück / 20g. (ja)
Sahne, süß 30% 100 ml. / 100g. (empfehlenswert)
Creme fraiche 1/2 EL / 6g. (ja)
Thymian getrocknet 1/2 TL / 2g. (ja)
Basilikum (frisch) 1/2 TL / 2g. (ja)
Oregano getrocknet 1/2 TL / 2g. (ja)
Muskatnuss 1 Prise / 0,5g. (ja)
Pfeffer gemahlen 1 Prise / 0,5g. ()
Parmesan 20 g. / 20g. (ja)
Pinienkerne 1 EL / 15g. (ja)
Schwarzkümmel 1 Prise / 1g. (ja)

Kochanleitung:
In einem geschlossenen Topf den tropfnassen Spinat mit etwas Salz 3 Min. zusammenfallen und in einem Sieb abtropfen lassen. Danach fein schneiden. Bandnudeln in reichlich Salzwasser bissfest kochen. Öl in einer beschichteten Pfanne erhitzen und in Ringe geschnittene Jungzwiebeln darin weich dünsten. Sahne, Crème fraîche, Thymian, Basilikum, Oregano und Muskat dazugeben. Die Soße unter Rühren etwas einkochen lassen, Spinat untermischen und kurz erhitzen und mit Muskat, Salz und Pfeffer abschmecken. Nudeln abgießen und abtropfen lassen und mit dem Spinat vermischen. Bei Bedarf mit Salz und Pfeffer nachwürzen. Nudeln portionieren und mit Parmesan und Pinienkernen anrichten. Den Schwarzkümmel drüberstreuen.

3.4 Basmatireis + Zucchini-Tofupfanne

Harntreibend, harmonisiert Milz und Magen, lindert Blähungen. Gut bei Übergewicht und Bluthochdruck. Antioxidativ, fördert Verdauung, entgiftet, stärkt Säfteproduktion, treibt Schweiß, reduziert Blutfett, stärkt Magen.

Anzahl Portionen: 4
Kalorien p. Portion 146
Gramm p. Portion 306,75
Kochdauer ca. 20 min.
Allergene: E
(Kohlehydrat:56,62% / Eiweiß & Fett:43,38%)
100g.≈ Eiweiß 7,95g. Fett:4,89g.
µg. - Ph:13,21 Na:0,7 Ka:33,77 Mg:10,99 Ca:11,98 Fe:0,34 Zn:0,02 Col.:0 Hsr.:7,75

Zutaten:
Soja Tofu 250 g. / 250g. (ja)
Olivenöl 2 EL / 6g. (ja)
Koriander 1/2 TL / 4g. (ja)
Ingwer frisch 1/2 TL / 4g. (ja)
Reis Basmatireis 1/2 Tasse / 60g. (ja)
Wasser 3 Tassen / 200g. (ja)
Zucchini 1 Stück / 700g. (ja)

Kochanleitung:
Tofu würfelig schneiden und mit Olivenöl, Tamari, zerstoßenem Koriander und Ingwer marinieren und mindestens 1 Std. ziehen lassen. Basmatireis im Wasser kochen und evtl. mit Zwiebel und Kardamom würzen. Zucchini und Tofu in einer Pfanne in heißem Öl ca. 5-7 Min. rösten und auf Tellern getrennt vom Reis anrichten. Petersilie drüberstreuen. Kann auch kalt als Salat für zuhause oder unterwegs verwendet werden.

3.5 Couscous-Salat

Bakterizid, beugt Krebs vor, stärkt Magensaftproduktion, fördert Verdauung, regt Leberfunktion an, senkt Blutdruck, stärkt Immunsystem, reduziert Strahlenverletzungen, harntreibend.

Anzahl Portionen: 3
Kalorien p. Portion 338
Gramm p. Portion 285,67
Kochdauer ca. 25 Min.
Allergene: A
(Kohlehydrat:75,44% / Eiweiß & Fett:24,56%)
100g.≈ Eiweiß 12,22g. Fett:7,11g.
µg. - Ph:15,3 Na:17,27 Ka:83,68 Mg:6,5 Ca:21,3 Fe:0,46 Zn:0,07 Col.:0 Hsr.:13,69

Zutaten:
Wasser 250 ml. / 100g. (ja)
Olivenöl 1 EL / 15g. (ja)
Couscous 200 g / 200g. (ja)
Zitrone Saft 3 EL / 30g. (ja)
Zitrone Schale 1 TL / 2g. (ja)
Tomate 2 Stück / 80g. (ja)
Gurke 100 g. / 100g. (ja)
Karotte (Mohrrübe, Möhre) 100 g. / 100g. (ja)
Petersilie 1 Bund / 100g. (ja)
Lauchzwiebel Schnittlauch 1 Bund / 100g. (ja)
Pfefferminze 3 Äste / 30g. (ja)

Kochanleitung:
In einem kleinen Topf 250 ml Wasser mit Salz und 1 EL Olivenöl zum
Kochen bringen. Couscous einrühren, vom Herd nehmen und
zugedeckt 5 Min. quellen lassen. Couscous zurück auf den Herd stellen
und bei milder Hitze weitere ca. 2 Min. unter ständigem leichten Rühren
ziehen lassen. Eventuell noch 1-3 EL heißes Wasser untermischen.
Couscous mit Zitronensaft, kleingehackter Zitronenschale und 1 EL Öl
vermischen, mit Salz und Pfeffer abschmecken und etwas durchziehen
lassen. Couscous mit gewürfelten Tomaten und Gurken, geriebenen
Karotten, Petersilie, Schnittlauch und Minze (fein gehackt) vermischen.
Couscous-Salat mit Zitronensaft, Salz und Pfeffer abschmecken.

3.6   Erfrischende Gurkensuppe mit Kartoffeln

Harntreibend, entgiftend, unterdrückt Umwandlung von Zucker in Fett,
senkt Cholesterinspiegel, beugt Krebs vor, lindert Entzündungen,
verbessert Verdauung, löst Stagnation, fördert Durchblutung, fördert
Appetit.
Anzahl Portionen: 3
Kalorien p. Portion 148
Gramm p. Portion   307,33
Kochdauer ca.   15 Min
Allergene: GN
(Kohlehydrat:70% / Eiweiß & Fett:30%)
100g.≈ Eiweiß 3,93g. Fett:5,09g.
µg. - Ph:3,72 Na:0,77 Ka:23,54 Mg:1,43 Ca:2 Fe:0,05 Zn:0,02 Col.:0 Hsr.:1,19

Zutaten:
Sesamöl 1 EL / 10g. (ja)
Kartoffel 4 Stück / 300g. (ja)
Zwiebel Frühlingszwiebel 3 Stück / 60g. (ja)
Pfeffer gemahlen 1 Prise / 0,5g. ()

Muskatnuss 1 Prise / 1g. (ja)
Salz 1 Prise / 1g. (wenig)
Zitrone 1/2 Stück / 25g. (ja)
Gurke 2 Stück / 500g. (ja)
Sahne, süß 30% 1 EL / 10g. (empfehlenswert)
Dill 1 EL / 15g. (ja)

Kochanleitung:
Kleingeschnittene Kartoffeln und reichlich Frühlingszwiebeln in Sesamöl
anbraten und mit Pfeffer, etwas Muskat, Salz und Zitronensaft würzen.
Heißes Wasser und gewürfelte Salatgurke dazugeben, ca. 10 Min.
dünsten und danach pürieren. Etwas süße Sahne nach Belieben und
frischen Dill zufügen. Variante: Etwas Chili, Oregano, Thymian oder
Rosmarin dazugeben, um die abkühlende Wirkung zu mildern.

3.7 Fischsuppe mit Rosmarin

Stärkt Magen, Milz und Leber, senkt Blutdruck, bakterizid, stärkt
Immunsystem, beugt Krebs vor, reduziert Strahlenverletzungen, ist
cholesterinarm und eiweißreich, fördert Durchblutung, regt Appetit an,
antioxidativ, löst Stagnation.
Anzahl Portionen: 4
Kalorien p. Portion 271
Gramm p. Portion   284,25
Kochdauer ca.   30 Min.
Allergene: DLO
(Kohlehydrat:38,39% / Eiweiß & Fett:61,61%)
100g.≈ Eiweiß 15,39g. Fett:14,78g.
µg. - Ph:19,71 Na:7,22 Ka:47,56 Mg:3,06 Ca:5,32 Fe:0,13 Zn:0,03 Col.:0,01 Hsr.:14,36

Zutaten:
Grundrezept für eine Fischbrühe 1/2 Liter / 500g. (ja)
Rosmarin 1/2 Bund / 7g. (ja)
Zwiebel Frühlingszwiebel 1 Stück / 20g. (ja)
Olivenöl 2 EL / 35g. (ja)
Fischstücke gemischt (Süßwasser) 250 g. / 250g. (ja)
Karotte (Mohrrübe, Möhre) 1 Stück / 120g. (ja)
Pastinake 1 Stück / 180g. (ja)
Sellerie Knolle 1 Scheibe / 20g. (ja)
Salz 1 Prise / 1g. (wenig)
Pfeffer Körner 2 Stück / 1g. (ja)
Knoblauch 1 Zehe / 3g. (ja)

Kochanleitung:
Zwiebel und Knoblauch in Öl glasig braten und mit Fischbrühe
aufgießen. Gewürfelte Karotte, Pastinake und Sellerie hinzugeben. Mit
Salz und Pfefferkörnern würzen. Die Suppe 25 Min. bei schwacher
Hitze köcheln lassen. Den Fisch waschen, mit Zitronensaft beträufeln,
in Stücke teilen und mit dem abgezupften Rosmarin in die Suppe
geben. Alles 5 Min. bei schwacher Hitze garen. Schnittlauch und
Petersilie dazugeben und die Suppe mit dem Salz abschmecken.

3.8 Fischsuppe mit Weißwein, Lorbeer und Majoran

Kräftigt Nieren, nährt Blut und Säfte, harntreibend, stärkt Milz und
Leber, senkt Blutdruck, fördert Durchblutung, verbessert
Medikamentenwirkung, regt Appetit an, bakterizid.

Anzahl Portionen: 3
Kalorien p. Portion 199
Gramm p. Portion 302,67
Kochdauer ca. 45 Min.
Allergene: DLO
(Kohlehydrat:67% / Eiweiß & Fett:33%)
100g.≈ Eiweiß 7,82g. Fett:3,77g.
µg. - Ph:2,67 Na:2,95 Ka:13,85 Mg:0,87 Ca:2,48 Fe:0,04 Zn:0,02 Col.:0 Hsr.:1,86

Zutaten:
Zwiebel Frühlingszwiebel 2 Stück / 40g. (ja)
Knoblauch 1 Zehe / 2g. (ja)
Grundrezept für eine Fischbrühe 1/2 Liter / 500g. (ja)
Karotte (Mohrrübe, Möhre) 1 Stück / 60g. (ja)
Pastinake 1 Stück / 100g. (ja)
Sellerie Knolle 1 Scheibe / 60g. (ja)
Salz 1 Prise / 1g. (wenig)
Pfeffer Körner 2 Stück / 1g. (ja)
Zitrone 1/4 Stück / 10g. (ja)
Weißwein 1/8 Liter / 125g. (wenig)
Lorbeerblatt 2 Blätter / 1g. (ja)
Rosmarin 1 TL / 2g. (ja)
Lauchzwiebel Schnittlauch 1 TL (gehackt) / 3g. (ja)
Petersilie 1 TL Gehackt / 3g. (ja)

Kochanleitung:
Zwiebel und Knoblauch in Öl glasig braten. Mit Fischbrühe aufgießen
und gewürfelte Karotte, Pastinake und Sellerie zugeben. Mit Salz und
Pfefferkörnern würzen und die Suppe 25 Min. bei schwacher Hitze
köcheln lassen. Den Fisch waschen, mit Zitronensaft beträufeln, in
Stücke teilen und mit dem Wein, den Lorbeerblättern und dem Majoran

in die Suppe geben. Alles 5 Min. bei schwacher Hitze garen.
Schnittlauch und Petersilie dazugeben und die Suppe mit dem Salz
abschmecken.

3.9   Frühlingssalat

Blutbildend, blutreinigend, harntreibend, entgiftend. Senkt Blutdruck,
lindert Entzündungen. Gut bei Magenbeschwerden,
Verdauungsschwäche, Verstopfung, Durchfall. Hilft Fett zu verdauen.
Anzahl Portionen: 4
Kalorien p. Portion 162
Gramm p. Portion   210,25
Kochdauer ca.   10 Min.
Allergene: AEMN
(Kohlehydrat:67% / Eiweiß & Fett:33%)
100g.≈ Eiweiß 7,68g. Fett:3,57g.
µg. - Ph:3,64 Na:5,07 Ka:20,01 Mg:1,77 Ca:5,24 Fe:0,18 Zn:0,03 Col.:0 Hsr.:2

Zutaten:
Sauerampfer 150 g. / 150g. (ja)
Löwenzahn (junger) 100 g. / 100g. (ja)
Mungbohnensprossen 75 g. / 75g. (ja)
Kresse 100 g. / 100g. (ja)
Lauchzwiebel Schnittlauch 1 Bund / 50g. (ja)
Tomate 2 Stück / 100g. (ja)
Petersilie 1 Bund / 50g. (ja)
Sesam Paste (Tahini) 2 EL / 16g. (ja)
Sojasauce 1 Schuss / 3g. (ja)
Senf 1/2 TL / 2g. (ja)
Weißbrot (Weizenbrot) 6 Scheiben / 120g. (ja)

Kochanleitung:
Alle Salatzutaten waschen, mischen und die Soße folgendermaßen
zubereiten: Tahin mit Senf, Balsamico-Essig, Tamari, Olivenöl,
Schnittlauch und der Hälfte der Petersilie mischen. Die Soße über den
Salat gießen und unmittelbar vor dem Servieren die restliche Petersilie
drüberstreuen. Mit dem Weißbrot servieren.

3.10 Gekochter Selleriesalat mit exotischen Gewürzen

Stärkt Magen, bindet Wasser im Darm, antibakteriell, blutbildend, blutreinigend, entzündungshemmend, harntreibend, fördert Durchblutung.

Anzahl Portionen: 4
Kalorien p. Portion 165
Gramm p. Portion 341,12
Kochdauer ca. 30 Min.
Allergene: GLMNO
(Kohlehydrat:47,77% / Eiweiß & Fett:52,23%)
100g.≈ Eiweiß 5,56g. Fett:9,14g.
µg. - Ph:13,51 Na:24,66 Ka:69,44 Mg:3,02 Ca:20,16 Fe:0,1 Zn:0,01 Col.:0,2 Hsr.:12,08

Zutaten:
Sellerie Knolle 1 1/2 Stück / 900g. (ja)
Joghurt (natur, 3,5 % Fett) 1 Becher / 250g. (empfehlenswert)
Sauerrahm 15% Fett 2 EL / 20g. (empfehlenswert)
Kurkuma (Gelbwurz) 1 Prise / 1g. (ja)
Sesamöl 1 EL / 20g. (ja)
Pfeffer gemahlen 1 Prise / 0,5g. ()
Zitronengras 1 Prise / 1g. (ja)
Zwiebel weiss 1/2 Stück / 25g. (ja)
Senf 1/2 TL / 1g. (ja)
Schwarzkümmel 1 Prise / 1g. (ja)
Salz 1 Prise / 1g. (wenig)
Zitrone Saft 1 Stück / 40g. (ja)
Apfel (sauer) 1/2 Stück / 100g. (empfehlenswert)
Paprika (Rosenpaprikapulver) 1 Prise / 1g. (ja)
Essig (Apfelessig) 1 Schuss / 3g. (ja)

Kochanleitung:
Den Sellerie waschen, schälen und in dicke Scheiben schneiden. In heißem Wasser gar kochen und in längliche, mundgerechte Streifen schneiden. Dressing: Etwas Joghurt, Sauerrahm, Kurkuma, Sesamöl, Pfeffer, Zitronengraspulver, fein geschnittene Zwiebel, etwas Senf, Salz, zerstoßenen Schwarzkümmel, etwas kaltes Wasser, Zitronensaft oder Essig gut vermengen. Den halben säuerlichen Apfel kleingeschnitten, etwas Rosenpaprika und den lauwarmen Sellerie dazugeben und gut vermischen. 2-3 Std. oder über Nacht ziehen lassen. Ideal als Ersatz für Rohkost, auf die man wegen Verdauungsschwäche verzichten möchte.

3.11 Götterspeise

Stärkt Milz und Leber, senkt Blutdruck, bakterizid, stärkt Immunsystem, fördert die Verdauung, erwärmt Magen und Milz, fördert Durchblutung, cholesterinarm.

Anzahl Portionen: 2
Kalorien p. Portion 60
Gramm p. Portion 204,1
Kochdauer ca. 2 Stunden und Allergene:
(Kohlehydrat:76,21% / Eiweiß & Fett:23,79%)
100g.≈ Eiweiß 1,75g. Fett:1,35g.
µg. - Ph:14,28 Na:10,79 Ka:62,78 Mg:5,34 Ca:18,64 Fe:0,73 Zn:0,1 Col.:0 Hsr.:4,53

Zutaten:
Karotte (Frühkarotte) 300 g. / 300g. (ja)
Wasser 6 EL / 50g. (ja)
Zucker Ursüße (Zuckerrohr) süß 1 TL / 3g. (empfehlenswert)
Gelatine weiss 1 Blatt / 3g. (ja)
Orange 1/2 Stück / 50g. (ja)
Zimtpulver 1 Prise / 0,2g. (ja)
Maiskeimöl 1/2 TL / 2g. (ja)

Kochanleitung:
Die Karotten gründlich waschen, putzen, schälen und in Scheiben schneiden. In einem Topf etwa 6 EL Wasser zum Kochen bringen, die Karotten und den Rohrzucker hinzufügen und bei mittlerer Hitze in 10-15 Min. garen. Inzwischen die Gelatine ca. 10 Min. in kaltem Wasser einweichen. Die Orangenhälfte auspressen und den Saft mit dem Zimt und dem Öl vermischen. Die heißen Karotten mit dem Pürierstab zermusen und die Gelatine (alternativ: Agar-Agar verwenden) im heißen Mus auflösen. Den Orangensaft unterrühren. Eine Puddingform (¼ l Inhalt) mit kaltem Wasser ausschwenken, das Karottenmus einfüllen und im Kühlschrank ca. 3 Std. auskühlen lassen. Vor dem Essen stürzen und auf Zimmertemperatur erwärmen lassen.

3.12 Grundrezept für eine Fischbrühe

Kräftigt Nieren, harntreibend, senkt Blutdruck, bakterizid, stärkt Immunsystem, beugt Krebs vor, reduziert Strahlenverletzungen, fördert Durchblutung, ist cholesterinarm, eiweißreich und regt Appetit an.

Anzahl Portionen: 5
Kalorien p. Portion 128
Gramm p. Portion 243,8
Kochdauer ca. 40 min.

Allergene: DLO
(Kohlehydrat:33,81% / Eiweiß & Fett:66,19%)
100g.≈ Eiweiß 9,81g. Fett:5,2g.
µg. - Ph:14,91 Na:7,09 Ka:31,5 Mg:2,39 Ca:4,63 Fe:0,11 Zn:0,02 Col.:0,01 Hsr.:11,94

Zutaten:
Fischstücke gemischt (Süßwasser) 300 g. / 300g. (ja)
Sellerie Knolle 120 g. / 120g. (ja)
Lauch (Porree) 5 cm / 10g. (ja)
Karotte (Mohrrübe, Möhre) 2 Stück / 150g. (ja)
Weißwein 1/8 Liter / 125g. (wenig)
Zitrone 1/2 Stück / 50g. (ja)
Lorbeerblatt 2 Blätter / 2g. (ja)
Pfeffer Körner 3 Stück / 2g. (ja)
Olivenöl 1 EL / 10g. (ja)
Wasser 1/2 Liter / 450g. (ja)

Kochanleitung:
Kleingeschnittenen Sellerie, Karotten und Lauch in Olivenöl andünsten,
Lorbeerblatt und Pfefferkörner zugeben, Fischstücke zufügen und kurz
mitdünsten. Mit Wasser ablöschen, wenig Weißwein oder Zitrone
zugeben und 30 Min. leise köcheln lassen. Mehrmals den entstehenden
Schaum abschöpfen. Am Ende die Zutaten durch ein Sieb abseihen.

3.13 Grundrezept für eine Hühnerbrühe
Stärkt Blut, baut Milz und Magen auf, stärkt Knochenmark, senkt
Blutdruck, bakterizid, stärkt Immunsystem, beugt Krebs vor, reduziert
Strahlenverletzungen, fördert Schwitzen, löst Stagnation. Gut bei
Appetitlosigkeit und Blähungen.
Anzahl Portionen: 9
Kalorien p. Portion 90
Gramm p. Portion 244,89
Kochdauer ca.   2-3 Stunden
Allergene: L
(Kohlehydrat:10,44% / Eiweiß & Fett:89,56%)
100g.≈ Eiweiß 15,69g. Fett:11,57g.
µg. - Ph:7,72 Na:5,27 Ka:16,86 Mg:1,2 Ca:3,41 Fe:0,1 Zn:0 Col:0,25 Hsr.:8,27

Zutaten:
Huhn Fleisch 1/2 Stück / 600g. (ja)
Karotte (Mohrrübe, Möhre) 2 Stück / 150g. (ja)
Lauch (Porree) 1 Stange / 45g. (ja)
Sellerie Knolle 1 Stück / 500g. (ja)

Ingwer frisch 2 Scheiben / 2g. (ja)
Bockshornklee 1 TL / 2g. (ja)
Wacholderbeere 1 TL / 3g. (ja)
Lorbeerblatt 3 Stück / 2g. (ja)
Wasser 1 Liter / 900g. (ja)

Kochanleitung:
Hühnerteile von Fett befreien, in einen Topf mit heißem Wasser geben, kurz aufkochen lassen und entstehenden Schaum abschöpfen. Grob geschnittenes Gemüse und alle Gewürze zugeben und 2-3 Std. bei mittlerer Hitze kochen, dann alles abseihen. Tipp: Wenn Sie das Fleisch als Suppeneinlage verwenden möchten, bereits nach 45 Min. herausnehmen und nur die Knochen in der Suppe lassen.

3.14 Grundrezept für eine Gemüsebrühe

Senkt Blutdruck und Blutfett, bakterizid, stärkt Immunsystem, beugt Krebs vor, stärkt Magen, löst Stagnation, fördert Gewichtsabnahme, hilft bei Appetitlosigkeit, Blähungen, Bluthochdruck, Depressionen, Diabetes, Durchfall.
Anzahl Portionen: 5
Kalorien p. Portion 48
Gramm p. Portion 240,6
Kochdauer ca. 2-3 Stunden
Allergene: L
(Kohlehydrat:71,3% / Eiweiß & Fett:28,7%)
100g.≈ Eiweiß 1,57g. Fett:1,31g.
µg. - Ph:4,86 Na:3,67 Ka:25,68 Mg:1,8 Ca:6,32 Fe:0,1 Zn:0,01 Col.:0 Hsr.:2,78

Zutaten:
Olivenöl 1 EL / 4g. (ja)
Zwiebel weiss 1 Stück / 60g. (ja)
Karotte (Mohrrübe, Möhre) 3 Stück / 200g. (ja)
Pastinake 150 g. / 150g. (ja)
Sellerie Knolle 1 Tasse / 100g. (ja)
Ingwer frisch 1/2 TL / 2g. (ja)
Zitrone 1/2 Stück / 25g. (ja)
Wacholderbeere 6 Stück / 6g. (ja)
Thymian getrocknet 1 Prise / 1g. (ja)
Liebstöckel 1 EL / 3g. (ja)
Lorbeerblatt 2 Blätter / 1g. (ja)
Salz 1 Prise / 1g. (wenig)
Wasser 3/4 Liter / 650g. (ja)

Kochanleitung:
Gemüse würfelig schneiden. Öl in einem Topf erhitzen, die Zwiebel und das Gemüse darin anbraten, Ingwer und Lorbeer zugeben. Mit kaltem Wasser aufgießen, Zitronensaft zufügen und mit Wacholder, Thymian und Liebstöckel würzen. 2-3 Std. auf kleiner Stufe zugedeckt köcheln lassen. Brühe durch ein Sieb streichen und im Kühlschrank aufbewahren. Sie dient als Suppengrundlage und verfeinert Gemüse, Hülsenfrüchte oder Getreide.

3.15 Grundrezept für eine Reissuppe

Niedriger Fettgehalt, zur Entwässerung des Körpers bei Übergewicht und Bluthochdruck.
Anzahl Portionen: 3
Kalorien p. Portion 140
Gramm p. Portion 273,33
Kochdauer ca. 2-4 Stunden
(Kohlehydrat:89,71% / Eiweiß & Fett:10,29%)
100g.≈ Eiweiß 2,96g. Fett:0,48g.
µg. - Ph:5,85 Na:0,58 Ka:5,02 Mg:3,41 Ca:1,72 Fe:0,03 Zn:0,02 Col.:0 Hsr.:6,34

Zutaten:
Reis Sorte beliebig 1 Tasse / 120g. (ja)
Wasser 6 Tassen / 700g. (ja)

Kochanleitung:
Man kocht Reis und Wasser in einem Verhältnis von etwa 1:6. Die Menge des Wassers bestimmt die Dicke des Breis (reine Geschmackssache). Der Reis quillt unwahrscheinlich auf, nehmen Sie also nicht viel. Geben Sie den Reis in einen Topf mit einem schweren Deckel. Wichtig ist, den Reis nach kurzem Aufkochen nur auf kleinster Stufe köcheln zu lassen, da er sonst anbrennt. Kochen Sie den Reis 2-4 Stunden. Je länger er kocht, desto stärkender wirkt er. Wenn Sie das Gericht zum Frühstück essen möchten, können Sie den Reis auch kurz vor dem Zubettgehen aufsetzen. Sicherheitshalber sollten Sie vorher einmal unter Beobachtung für eine ähnlich lange Zeit das Verhalten Ihres Topfes und Herdes prüfen, damit nichts anbrennt.

3.16 Gurkensalat

Gurke kühlt und befeuchtet, entgiftet, unterdrückt Umwandlung von Zucker in Fett, senkt Cholesterinspiegel, beugt Krebs vor, ist harntreibend. Dill wirkt gegen Blähungen, ist krampflösend bei Magen-Darm-Beschwerden.

Anzahl Portionen: 2
Kalorien p. Portion 27
Gramm p. Portion 206
Kochdauer ca. 5 min.
Allergene: O
(Kohlehydrat:68% / Eiweiß & Fett:32%)
100g.≈ Eiweiß 1,61g. Fett:0,4g.
µg. - Ph:5,92 Na:2,32 Ka:35,15 Mg:2,16 Ca:4,03 Fe:0,12 Zn:0,05 Col.:0 Hsr.:1,94

Zutaten:
Gurke 1 Stück / 400g. (ja)
Salz 1 Prise / 1g. (wenig)
Dill 1 Prise / 1g. (ja)
Essig (Apfelessig) 1 EL / 10g. (ja)

Kochanleitung:
Bio-Gurke mit Schale, konventionelle Gurke schälen, dünn schneiden und würzen.

3.17 Gurkensuppe

Kühlt und befeuchtet, harntreibend, entgiftend, unterdrückt Umwandlung von Zucker in Fett, senkt Cholesterinspiegel, beugt Krebs vor, fördert Verdauung, schweißtreibend, reduziert Wind, gegen Hefepilzinfektionen.

Anzahl Portionen: 4
Kalorien p. Portion 96
Gramm p. Portion 235,38
Kochdauer ca. 20 min.
Allergene: M
(Kohlehydrat:22,18% / Eiweiß & Fett:77,82%)
100g.≈ Eiweiß 0,92g. Fett:9,03g.
µg. - Ph:2,67 Na:1,28 Ka:15,59 Mg:1,17 Ca:2,57 Fe:0,06 Zn:0,01 Col.:0 Hsr.:0,85

Zutaten:
Olivenöl 2 EL / 35g. (ja)
Gurke 2 Stück / 400g. (ja)
Wasser 1/2 Liter / 500g. (ja)
Salbei 3 Blätter / 3g. (ja)

Senf 1/2 TL / 0,5g. (ja)
Koriander 1 Prise / 1g. (ja)
Kardamom 1 Prise / 1g. (ja)
Salz 1 Prise / 1g. (wenig)

Kochanleitung:
Öl erhitzen und die klein geschnittenen Gurken kurz darin anbraten.
Senfkörner, Koriander, Kardamom und Salz dazugeben und kurz
mitbraten. Mit dem Wasser übergießen und 10-15 Min. köcheln lassen.
Pürieren und mit frisch gehacktem Salbei garnieren.

3.18 Japanische Algensuppe

Nährt Nieren-Yin, kühlt Hitze, löst Verhärtungen. Senkt Blutdruck,
bakterizid, stärkt Immunsystem, beugt Krebs vor, reduziert
Strahlenverletzungen, fördert Verdauung, entgiftet und stimuliert das
Immunsystem.
Anzahl Portionen: 3
Kalorien p. Portion 47
Gramm p. Portion 261,67
Kochdauer ca. 20 Min.
(Kohlehydrat:70% / Eiweiß & Fett:30%)
100g.≈ Eiweiß 3,01g. Fett:0,64g.
µg. - Ph:3,46 Na:14,26 Ka:12,31 Mg:1,31 Ca:2,98 Fe:0,08 Zn:0,03 Col.:0 Hsr.:1,16

Zutaten:
Wakame 25 g. / 25g. (ja)
Wasser 1/2 Liter / 450g. (ja)
Zwiebel Schalotte 1-2 Stk. / 30g. (ja)
Rettich (weiß, grün, lila-rot) 50 g. / 50g. (ja)
Karotte (Mohrrübe, Möhre) 2 Stück / 180g. (ja)
Miso 2 EL / 20g. (ja)
Petersilie 2 EL / 20g. (ja)
Zwiebel Frühlingszwiebel 1 EL geschnitten / 10g. (ja)

Kochanleitung:
Wakame einige Minuten in Wasser einweichen, herausnehmen und das
Wasser zum Kochen bringen. Fein geschnittene Zwiebeln und in feine
Streifen geschnittene Wakame, Rettich und Karotten zugeben und
weitere 10 Min. köcheln. Miso in etwas abgekühltem Kochwasser lösen
und am Ende dazugeben. Mit Petersilie und Frühlingszwiebeln
bestreuen.

3.19 Kabeljausuppe mit Tomaten

Stärkt Milz und Nieren, regt Leberfunktion an, entgiftet, harntreibend, fördert Durchblutung, regt Appetit an, hilft Fett zu verdauen, senkt Blutdruck.

Anzahl Portionen: 4
Kalorien p. Portion 176
Gramm p. Portion 226,25
Kochdauer ca. 30 min.
Allergene: DLO
(Kohlehydrat:42% / Eiweiß & Fett:58%)
100g.≈ Eiweiß 15,57g. Fett:3,57g.
µg. - Ph:3,89 Na:2,39 Ka:8,27 Mg:0,82 Ca:0,8 Fe:0,02 Zn:0,02 Col.:1,04 Hsr.:2,65

Zutaten:
Grundrezept für eine Fischbrühe 1/2 Liter / 450g. (ja)
Kabeljau 250 g. / 250g. (ja)
Zwiebel Schalotte 1 Stück / 20g. (ja)
Anis (gemeiner Fenchel) 1/2 TL / 1g. (ja)
Ingwer frisch 1/2 TL / 1g. (ja)
Olivenöl 1 TL / 3g. (ja)
Tomate 1 Stück / 50g. (ja)
Weißwein 1/8 Liter / 125g. (wenig)
Salz 1 Prise / 0,5g. (wenig)
Pfeffer gemahlen 1 Prise / 0,2g. ()
Petersilie 1 EL gehackte / 5g. (ja)

Kochanleitung:
Schalotte, Anis und frisch geriebenen Ingwer in Öl anbraten, Tomaten zugeben und mitdünsten. Mit etwas Wein und Fischsuppe aufgießen und alles 10-15 Min. leise köcheln lassen. Mit Salz und Pfeffer abschmecken, die Kabeljaustücke zugeben und leicht erhitzen. Am Ende mit Petersilie garnieren.

3.20 Karotten mit Kartoffelschnee

Stärkt Blut, Nerven, Milz und Leber, senkt Blutdruck, bakterizid, stärkt Immunsystem, verbessert Verdauung, regeneriert Haut, harntreibend, senkt Cholesterinspiegel, fördert Stuhl und Urin.

Anzahl Portionen: 1
Kalorien p. Portion 316
Gramm p. Portion 322,2
Kochdauer ca. 30 Min.
Allergene: G
(Kohlehydrat:20,62% / Eiweiß & Fett:79,38%)
100g.≈ Eiweiß 11,66g. Fett:15,45g.
µg. - Ph:48,45 Na:21,59 Ka:208,07 Mg:18,2 Ca:23,8 Fe:1,2 Zn:0,5 Col.:15,5 Hsr.:26,2

Zutaten:
Karotte (Frühkarotte) 150 g. / 150g. (ja)
Schwein Fleisch 40 g. / 40g. (ja)
Kartoffel (mehlige) 100 g. / 100g. (ja)
Butter Bio 1 EL / 10g. (ja)
Honig 1/2 TL / 2g. (empfehlenswert)
Anis (gemeiner Fenchel) 1 Prise / 0,2g. (ja)
Wasser 2 EL / 20g. (ja)

Kochanleitung:
Die Karotten putzen, gründlich waschen, dünn schälen und in dünne
Scheiben schneiden. Das Fleisch in Streifen schneiden. Die Kartoffeln
waschen, in einem kleinen Topf mit wenig Wasser in etwa 15 Min.
garen. Die Hälfte der Butter in einem Topf zerlassen, die Karotten und
das Fleisch darin andünsten. Wenn nötig, noch 2-3 EL Wasser
hinzufügen, den Deckel auflegen und alles bei schwacher Hitze in etwa
15 Min. garen. Den Honig, den Anis und die restliche Butter dazugeben
und den Topf von der Kochstelle nehmen. Die Kartoffeln pellen und mit
der Kartoffelpresse direkt auf den Teller drücken. Die Honigkarotten
darüber verteilen.

3.21 Karottendrink

Stärkt Milz und Leber, senkt Blutdruck, bakterizid, stärkt Immunsystem,
beugt Krebs vor, reduziert Strahlenverletzungen, harntreibend,
aufbauend, augenstärkend, entgiftend, gewebe- und nervenstärkend.
Anzahl Portionen: 1
Kalorien p. Portion 143
Gramm p. Portion 265
Kochdauer ca. 15 Min.
Allergene: H
(Kohlehydrat:81% / Eiweiß & Fett:19%)
100g.≈ Eiweiß 3,78g. Fett:2,5g.
µg. - Ph:43,4 Na:22,3 Ka:117,79 Mg:18,2 Ca:36,26 Fe:1,83 Zn:0,55 Col.:0 Hsr.:17,98

Zutaten:
Hirseflocken 1 EL / 10g. (ja)
Karotte (Mohrrübe, Möhre) 400 g. / 200g. (ja)
Mandelmus 1 TL / 3g. (ja)
Honig 1/2 TL / 2g. (empfehlenswert)
Wasser 50 ml. / 50g. (ja)

Kochanleitung:
Hirseflocken mit 50 ml kaltem Wasser übergießen und 10 Min. quellen lassen. Die frischen Karotten entsaften oder 200 ml Karottensaft verwenden. Hirseflocken, Karottensaft, Mandelmus und Honig mit dem Mixer fein pürieren.

3.22 Karotten-Kartoffel-Rucola Brötchen

Lindert Entzündungen, verbessert Verdauung, harntreibend, senkt Cholesterinspiegel, stärkt Immunsystem, beugt Krebs vor, löst Verstopfung (ballaststoffreich), löst Stagnation.

Anzahl Portionen: 4
Kalorien p. Portion 94
Gramm p. Portion 116,25
Kochdauer ca. 20 Min.
Allergene: AG
(Kohlehydrat:55% / Eiweiß & Fett:45%)
100g.≈ Eiweiß 2,68g. Fett:2,83g.
µg. - Ph:4,15 Na:4,56 Ka:16,7 Mg:1,23 Ca:1,78 Fe:0,06 Zn:0,03 Col.:0,25 Hsr.:1,27

Zutaten:
Kartoffel (mehlige) 200 g / 200g. (ja)
Karotte (Mohrrübe, Möhre) 1 Stück / 50g. (ja)
Sauerrahm 15% Fett 3 EL / 45g. (empfehlenswert)
Zwiebel Frühlingszwiebel 1 Stück / 20g. (ja)
Rucola Rauke 1/2 Bund / 100g. ()
Zitrone Schale 1/4 TL / 1g. (ja)
Salz 1 Prise / 1g. (wenig)
Pfeffer gemahlen 1 Prise / 0,2g. ()
Vollkornbrot 8 Scheiben / 48g. (ja)

Kochanleitung:
Kartoffeln in der Schale weich kochen, abziehen und durch die Kartoffelpresse drücken. Gemüsebrühe nach Grundrezept kochen und eine Karotte nach kurzer Garzeit herausnehmen und mit der Gabel fein zerdrücken. Kartoffeln, Karotten, abgeriebene Zitronenschale und Sauerrahm zu einer glatten Creme verrühren. Karotten-Kartoffel-Creme mit fein geschnittenem Rucola verrühren. Den Aufstrich mit Salz und Pfeffer abschmecken und die Brote bestreichen. Mit den fein geschnittenen Jungzwiebeln bestreuen.

3.23 Kartoffelcreme mit Kräuter-Frischkäse

Gut bei Appetitlosigkeit, Schluckstörungen, Verstopfung, Blähungen und Übelkeit. Verbessert Verdauung, harntreibend, beugt Krebs vor, stärkt Magensaftproduktion, löst Stagnation, entkrampft und beruhigt.

Anzahl Portionen: 2
Kalorien p. Portion 217
Gramm p. Portion 218,5
Kochdauer ca. 25 Min.
Allergene: G
(Kohlehydrat:14% / Eiweiß & Fett:86%)
100g.≈ Eiweiß 8,76g. Fett:11,22g.
µg. - Ph:18,66 Na:18,04 Ka:73,64 Mg:4,87 Ca:13,9 Fe:0,13 Zn:0,09 Col.:4,84 Hsr.:2,24

Zutaten:
Kartoffel (mehlige) 250 g. / 250g. (ja)
Frischkäse 80 g. / 80g. (ja)
Joghurt (natur, 1,5 % Fett) 3 EL / 45g. (ja)
Lauchzwiebel Schnittlauch 1/2 Bund / 50g. (ja)
Basilikum (frisch) 1 TL / 4g. (ja)
Petersilie 1 TL / 4g. (ja)
Dill 1/2 TL / 2g. (ja)
Salz 1 Prise / 1g. (wenig)
Schwarzkümmel 1 Prise / 0,5g. (ja)
Pfeffer gemahlen 1 Prise / 0,5g. ()

Kochanleitung:
Kartoffeln in der Schale weich kochen, abziehen und durch die Kartoffelpresse drücken. Frischkäse, Joghurt und Kräuter unter die Kartoffeln mischen und mit Salz, zerstoßenem Schwarzkümmel und Pfeffer abschmecken.

3.24 Kompott aus Zwetschgen

Krebsvorbeugende Wirkung, entwässert, regt die Verdauung an und bindet Fette im Darm.

Anzahl Portionen: 2
Kalorien p. Portion 23
Gramm p. Portion 170,5
Kochdauer ca. 10 Min.
(Kohlehydrat:93,33% / Eiweiß & Fett:6,67%)
100g.≈ Eiweiß 0,32g. Fett:0,07g.
µg. - Ph:3,46 Na:0,68 Ka:35,88 Mg:1,61 Ca:5,39 Fe:0,07 Zn:0,03 Col.:0 Hsr.:2,93

Zutaten:
Zwetschken 100 g. / 100g. (ja)
Wasser 2 Tassen / 240g. (ja)
Zimtpulver 1 Prise / 1g. (ja)

Kochanleitung:
Zwetschgen im Wasser weich kochen und mit etwas Zimt bestreuen.

3.25 Kürbisschnitzel mit Gewürzreis

Stärkt Lunge und Milz, harntreibend, reduziert Blutzucker, schützt und harmonisiert Leber, befeuchtet Darm, kühlt innere Hitze. Zur Entwässerung des Körpers bei Übergewicht und Bluthochdruck.

Anzahl Portionen: 4
Kalorien p. Portion 438
Gramm p. Portion 260,52
Kochdauer ca. 45 Min.
Allergene: AG
(Kohlehydrat:59,16% / Eiweiß & Fett:40,84%)
100g.≈ Eiweiß 4,2g. Fett:27,78g.
µg. - Ph:19,2 Na:5,08 Ka:46,56 Mg:8,07 Ca:12,07 Fe:0,16 Zn:0,02 Col.:0,25 Hsr.:5,34

Zutaten:
Butterschmalz 1/2 EL / 5g. (ja)
Safran 1 Briefchen / 0,1g. (ja)
Kurkuma (Gelbwurz) 1 TL / 2g. (ja)
Reis Basmatireis 1 Tasse / 120g. (ja)
Wasser 1 Tasse / 120g. (ja)
Salz 1/2 TL / 2g. (wenig)
Kürbis 6-8 Scheiben / 400g. (ja)
Gerstenmehl 1 Tasse / 10g. (ja)
Brösel (Weizenbrot, Semmel) 1 Tasse / 10g. (ja)
Salz 1/2 TL / 2g. (wenig)
Pfeffer gemahlen 1 Prise / 1g. ()
Butter Bio 1 EL / 10g. (ja)
Sahne, süß 30% 1 1/2 Becher / 300g. (empfehlenswert)
Gerstenmehl 2 EL / 20g. (ja)
Lauchzwiebel Schnittlauch 3 EL / 20g. (ja)
Dill 3 EL / 20g. (ja)

Kochanleitung:
Das Fett in einem kleinen Topf schmelzen, Safran und Kurkuma hinzufügen und etwa 1-2 Min. bei mittlerer Hitze leicht rösten, damit die

Aromen sich entfalten (Achtung: Die Gewürze dürfen auf keinen Fall verbrennen!). Den Reis zufügen und etwa 2 Min. unter ständigem Rühren braten. Salzen, Wasser dazugießen, umrühren und den Topf mit einem Deckel verschließen. Bei schwacher bis mittlerer Hitze kochen lassen, bis das Wasser fast vollständig aufgesogen ist, dann vom Herd nehmen und mit geschlossenem Deckel beiseite stellen und quellen lassen. Nicht mehr umrühren! Wenn das Wasser vollständig aufgesogen ist, ist der Reis fertig! Mehl, Semmelbrösel, Salz und Pfeffer verrühren. Die Kürbisscheiben mit Wasser oder verrührtem Ei anfeuchten, die Scheiben in der Mehlmischung wenden und vorsichtig in Butter braten, bis sie goldbraun sind und der Kürbis weich ist. In einem kleinen Topf die Butter schmelzen, Gerstenmehl darin bräunen und vom Herd nehmen. Die saure Sahne einrühren, salzen, pfeffern und die gehackten Kräuter unterziehen. Die Soße über die gebratenen Kürbisscheiben geben. Dazu den Reis servieren.

3.26 Mango-Bananen-Joghurt-Drink eiskalt

Harntreibend, stärkt Magen, beugt Krebs vor, reguliert Magen-Darm-Funktion. Gut bei Appetitlosigkeit, Mundschleimhautentzündung, chronischer Verstopfung.

Anzahl Portionen: 2
Kalorien p. Portion 121
Gramm p. Portion 226
Kochdauer ca. 5 Min.
Allergene: G
(Kohlehydrat:86,93% / Eiweiß & Fett:13,07%)
100g.≈ Eiweiß 2,73g. Fett:1,05g.
µg. - Ph:15,94 Na:7,47 Ka:102,09 Mg:10,74 Ca:22,08 Fe:0,14 Zn:0,04 Col.:0,28 Hsr.:5,73

Zutaten:
Mangosaft 100 ml. / 100g. (empfehlenswert)
Joghurt (natur, 1,5 % Fett) 100 g. / 100g. (ja)
Mineralwasser 100 ml. / 100g. (ja)
Banane 1/2 Stück / 150g. (empfehlenswert)
Acerola Fruchtnektar oder Pulver 1 TL / 2g. (ja)

Kochanleitung:
Alle Zutaten und 2-3 Eiswürfel im Mixer fein pürieren.

3.27 Minestrone

Harntreibend, fördert Verdauung, hilft Fett zu verdauen, senkt Blutdruck, bakterizid, stärkt Immunsystem.

Anzahl Portionen: 4
Kalorien p. Portion 210
Gramm p. Portion 310
Kochdauer ca. 30 Min.
Allergene: GL
(Kohlehydrat:68% / Eiweiß & Fett:32%)
100g.≈ Eiweiß 6,27g. Fett:7,36g.
µg. - Ph:2,48 Na:1,57 Ka:7,19 Mg:0,96 Ca:2,28 Fe:0,04 Zn:0,02 Col.:0,08 Hsr.:1,7

Zutaten:
Zwiebel Schalotte 2 Stück / 40g. (ja)
Sonnenblumenöl 1 TL / 10g. (ja)
Wasser 1/2 Liter / 480g. (ja)
Karotte (Mohrrübe, Möhre) 2 Stück / 120g. (ja)
Wirsing/Grünkohl 1 Handvoll / 15g. (ja)
Bohnen (grün, frisch) 1 Handvoll / 20g. (ja)
Sellerie Stangensellerie 3 Stück / 20g. (ja)
Erbse, grün 4 EL / 30g. (ja)
Zucchini 1 Stück / 200g. (ja)
Reis Sorte beliebig 1 Tasse / 120g. (ja)
Lorbeerblatt 3 Blatt / 1g. (ja)
Sonnenblumenöl 1 EL / 10g. (ja)
Salz 1 Prise / 1g. (wenig)
Tomate 3 Stück / 150g. (ja)
Thymian 1 Zweig / 3g. (ja)
Parmesan 2 EL / 18g. (ja)
Basilikum 4 Blatt / 2g. (ja)

Kochanleitung:
Schalotten in Öl in einem Topf glasig braten und mit Wasser aufgießen. Gemüse, Reis und Salz dazugeben und leise weiter köcheln. Wenn das Gemüse bissfest ist, Tomaten, einen kleinen Thymianzweig, Basilikum und Lorbeer dazugeben und noch kurz ziehen lassen. Mit Parmesan servieren.

3.28 Obstsaftgetränk

Stoppt Durchfall, fördert Verdauung, appetitanregend, harmonisiert Magen, lindert Schmerzen, entgiftet, bakterizid, senkt Blutdruck, stärkt Immunsystem, beugt Krebs vor, reduziert Strahlenverletzungen.

Anzahl Portionen: 2
Kalorien p. Portion 175
Gramm p. Portion 305
Kochdauer ca. 10 Min.
(Kohlehydrat:93% / Eiweiß & Fett:7%)
100g.≈ Eiweiß 1,89g. Fett:0,9g.
µg. - Ph:4,99 Na:2,24 Ka:37,45 Mg:2,36 Ca:6,04 Fe:0,21 Zn:0,05 Col.:0 Hsr.:4,3

Zutaten:
Orange 2 Stück / 150g. (ja)
Apfel (süß) 4 Stück / 300g. (empfehlenswert)
Karotte (Mohrrübe, Möhre) 2 Stück / 150g. (ja)
Honig 1 EL / 10g. (empfehlenswert)

Kochanleitung:
Orangen und Karotten schälen, alle Zutaten würfelig schneiden, damit sie in die Saftpresse passen und entsaften, mit Honig süßen.

3.29 Paprika-Tomatenreis

Cholesterin-, eiweiß- und fettarm, stärkt Magen, löst Stagnation, fördert Gewichtsabnahme. Gut bei Abwehrschwäche, Appetitlosigkeit, Blähungen, Bluthochdruck, Diabetes, Depressionen.

Anzahl Portionen: 3
Kalorien p. Portion 291
Gramm p. Portion 324
Kochdauer ca. 25 Min.
Allergene: L
(Kohlehydrat:89% / Eiweiß & Fett:11%)
100g.≈ Eiweiß 7,63g. Fett:2,54g.
µg. - Ph:10,3 Na:1,31 Ka:15,5 Mg:9,5 Ca:22,5 Fe:0,14 Zn:0,06 Col.:0 Hsr.:4,12

Zutaten:
Zwiebel weiss 1 Stück / 50g. (ja)
Paprika 4 stück / 120g. (ja)
Lorbeerblatt 2 Stück / 1g. (ja)
Nelke 2 Stück / 1g. (ja)
Grundrezept für eine Gemüsebrühe nahrhaft 400 g. / 400g. (ja)

Reis Vollkorn 200 g / 200g. (ja)
Champignon 60 g. / 60g. (ja)
Petersilie 20 g. / 20g. (ja)
Pfeffer gemahlen 1 Prise / 0,2g. ()
Paprika (Rosenpaprikapulver) 1 Prise / 0,2g. (ja)
Tomate 120 g. / 120g. (ja)

Kochanleitung:
Die Zwiebel fein würfeln und die Paprika in feine Streifen schneiden. Margarine in einem Topf erhitzen, Zwiebel und Paprika sowie Reis darin andünsten und mit der Gemüsebrühe aufgießen. Nelken und Lorbeerblätter dazugeben und im geschlossenen Topf ca. 20 Min. ausquellen lassen. Das Tomatenfleisch in 1 cm große Würfel schneiden und 5 Min. vor Garzeitende zum Reis geben.

3.30 Porridge mit Rosinen und Sake

Stärkt Abwehrkraft, fördert Durchblutung, verbessert Medikamentenwirkung, regt Appetit an, entschlackt die Haut, regt Nerven an, befreit Atmung, erhöht Körpertemperatur, treibt Schweiß.

Anzahl Portionen: 1
Kalorien p. Portion 427
Gramm p. Portion 356
Kochdauer ca. 10 Min.
Allergene: AGO
(Kohlehydrat:66,81% / Eiweiß & Fett:33,19%)
100g.≈ Eiweiß 11,78g. Fett:16,8g.
µg. - Ph:107,91 Na:22,97 Ka:150,88 Mg:29,72 Ca:60,08 Fe:0,83 Zn:0,87 Col.:2,11 Hsr.:25,96

Zutaten:
Hafer Flocken (Vollkorn) 8 EL / 60g. (ja)
Wasser 1/8 Liter / 125g. (ja)
Kuhmilch (Vollmilch 3,5 % Fett) 1/8 Liter / 125g. (empfehlenswert)
Salz 1 Prise / 1g. (wenig)
Sahne, süß 30% 2 EL / 20g. (empfehlenswert)
Rosinen 1 EL / 15g. (ja)
Sake 1 EL / 10g. (ja)

Kochanleitung:
Wasser und Milch mit einer Prise Salz aufkochen. 4 EL grobe Haferflocken einstreuen und zu einem Brei verkochen. 4 EL feine Haferflocken mitkochen, vom Herd nehmen und ausquellen lassen. In einer vorgewärmten Schüssel anrichten und mit flüssiger Sahne übergießen, Rosinen und Sake untermischen.

3.31 Reis mit gedämpftem Gemüse

Senkt Blutdruck, bakterizid, harntreibend, stärkt Immunsystem, beugt Krebs vor, reduziert Strahlenverletzungen. Gut bei Durchblutungsstörungen, Thrombose, Emboliegefahr, Kopfschmerzen, Herzinfarkt und Schlaganfall.

Anzahl Portionen: 2
Kalorien p. Portion 167
Gramm p. Portion 310,5
Kochdauer ca. 20 min
Allergene: L
(Kohlehydrat:82,32% / Eiweiß & Fett:17,68%)
100g.≈ Eiweiß 4,33g. Fett:2,26g.
µg. - Ph:16,63 Na:5,67 Ka:52,64 Mg:6,29 Ca:11,8 Fe:0,4 Zn:0,07 Col.:0 Hsr.:12,64

Zutaten:
Reis Sorte beliebig 1/2 Tasse / 60g. (ja)
Wasser 3 Tassen / 300g. (ja)
Zitrone Schale 1 Stück / 3g. (ja)
Wasser 1/8 Liter / 0g. (ja)
Karotte (Mohrrübe, Möhre) 2 Stück / 180g. (ja)
Sellerie Stangensellerie 1/2 Stück / 5g. (ja)
Champignon 1/2 Tasse / 50g. (ja)
Kresse 2 EL / 20g. (ja)
Leinöl 1 Schuss / 3g. (ja)

Kochanleitung:
Reis nach Grundrezept kochen, dabei ein Stück Zitronenschale mitkochen. Wasser aufstellen und kleingeschnittene Karotten, Stangensellerie und Champignons im Gemüseeinsatz dämpfen, bis sie weich sind. Anschließend mit Kresse bestreuen und zuletzt einen Schuss hochwertiges Öl zugeben.

3.32 Reis-Congee mit Honigbirne und schwarzem Sesam

Fördert Verdauung, harntreibend, befeuchtet Darm. Gut bei Durchblutungsstörungen, Thrombose, Emboliegefahr, Bluthochdruck, Kopfschmerzen, Herzinfarkt und Schlaganfall.

Anzahl Portionen: 2
Kalorien p. Portion 159
Gramm p. Portion 271,5
Kochdauer ca. 10 Min. - 3 Stunden
Allergene: N
(Kohlehydrat:95,26% / Eiweiß & Fett:4,74%)
100g.≈ Eiweiß 2,44g. Fett:1,55g.
µg. - Ph:9,61 Na:0,87 Ka:36,88 Mg:70,3 Ca:68,61 Fe:0,18 Zn:0,06 Col:0 Hsr.:5,76

Zutaten:
Grundrezept für eine Reissuppe 2 Tassen / 240g. (ja)
Birne 2 Stück / 300g. (empfehlenswert)
Sesam, Schwarzer 1 TL / 3g. (ja)

Kochanleitung:
Reis-Congee nach Grundrezept kochen oder vorbereiteten verwenden.
Topf mit 3 cm Wasser befüllen und aufkochen lassen. Birnen vierteln
(mit Haut und Kernen) und hineingeben und mit schwarzem Sesam 10
Min. zugedeckt köcheln lassen. Mit dem Reis mischen.

3.33 Reis-Congee mit Karotten und Fenchel

Stärkt und wärmt Magen, lindert Verstopfung, regt Nerven an, entgiftet,
lindert Entzündungen, verbessert Durchblutung, senkt Blutdruck,
bakterizid, stärkt Immunsystem, beugt Krebs vor, reduziert
Strahlenverletzungen.
Anzahl Portionen: 3
Kalorien p. Portion 132
Gramm p. Portion 284,67
Kochdauer ca. 2 Stunden
Allergene: G
(Kohlehydrat:94,12% / Eiweiß & Fett:5,88%)
100g.≈ Eiweiß 4,18g. Fett:1,37g.
µg. - Ph:9,78 Na:9,7 Ka:55,1 Mg:64,86 Ca:68,94 Fe:0,4 Zn:0,03 Col.:0,09 Hsr.:3,77

Zutaten:
Grundrezept für eine Reissuppe 1/2 Liter / 500g. (ja)
Karotte (Mohrrübe, Möhre) 2 Stück / 100g. (ja)
Fenchel 1 Stück / 250g. (ja)
Butter Bio 1 TL / 3g. (ja)
Kardamom 1/2 TL / 1g. (ja)

Kochanleitung:
Reis-Congee nach Grundrezept kochen. Karotten und Fenchel putzen
und klein schneiden. Hinweis: Wenn Karotten und Fenchel von Anfang
an mitgekocht werden, dienen sie der Bekömmlichkeit. Werden sie kurz
vor Ende der Kochzeit zugegeben, bleiben Geschmack und Vitamine
erhalten. Vor dem Servieren mit Butter und Kardamom verfeinern.

3.34 Reis-Congee mit zerstoßenen Walnüssen

Gut bei: Durchblutungsstörungen, Durchfall, Fieber, Bluthochdruck, Kopfschmerzen. Zur Entwässerung des Körpers bei Übergewicht und Bluthochdruck. Löst Steine. Erwärmt Magen und Milz.

Anzahl Portionen: 2
Kalorien p. Portion 406
Gramm p. Portion 295
Kochdauer ca. 2 Stunden
Allergene: H
(Kohlehydrat:82% / Eiweiß & Fett:18%)
100g.≈ Eiweiß 7,9g. Fett:22,82g.
µg. - Ph:15,8 Na:0,24 Ka:17,23 Mg:68,48 Ca:64,13 Fe:0,14 Zn:0,12 Col.:0 Hsr.:2,22

Zutaten:
Grundrezept für eine Reissuppe 4 Tassen / 500g. (ja)
Zucker Ursüße (Zuckerrohr) süß 2-3 EL / 20g. (empfehlenswert)
Walnüsse 1 Tasse / 70g. (empfehlenswert)
Zimtpulver 1 Prise / 0,2g. (ja)

Kochanleitung:
Grundrezept für Reissuppe (Congee) kochen. Hinweis: Die Walnüsse können von Anfang an mitgekocht werden. Variante: Nach Belieben mit süßen oder pikanten Zutaten verfeinern. Insbesondere Zimt, Nelken und Ingwer erhöhen die erwärmende Wirkung und die Bekömmlichkeit.

3.35 Reisnudelsuppe mit Shiitakepilzen

Sehr leicht und kräftigend zugleich, stärkt das Immunsystem.

Anzahl Portionen: 2
Kalorien p. Portion 65
Gramm p. Portion 173
Kochdauer ca. 20 Min.
Allergene: L
(Kohlehydrat:86% / Eiweiß & Fett:14%)
100g.≈ Eiweiß 3,23g. Fett:1,3g.
µg. - Ph:13,08 Na:44,73 Ka:17,94 Mg:24,74 Ca:81,93 Fe:0,21 Zn:0,07 Col.:0 Hsr.:7,24

Zutaten:
Reisnudeln 2 Handvoll / 20g. (ja)
Shiitake, getrocknet 4-6 Stück / 5g. (ja)
Grundrezept für eine Gemüsebrühe nahrhaft 2 Tassen / 240g. (ja)
Chinakohl 1 Tasse / 60g. (ja)
Liebstöckel 1 TL / 3g. (ja)
Miso 2 EL / 18g. (ja)

Kochanleitung:
Reisnudeln und Shiitakepilze getrennt in kaltem Wasser einweichen.
Gemüsebrühe erhitzen und eingeweichte, in Streifen geschnittene
Shiitakepilze zugeben und leicht köcheln. Chinakohl nudelig schneiden,
Liebstöckelgrün und Reisnudeln zugeben und kurz ziehen lassen. Vor
dem Servieren in etwas abgekühltem Kochwasser gelöstes Miso
einrühren. Empfehlung: geeignet zu Beginn jeder Mahlzeit, auch als
Frühstück

3.36 Reispudding

Reguliert Magen-Darm-Funktion, stärkt Milz, Magen und Muskeln,
liefert Vitamin C.

Anzahl Portionen: 1
Kalorien p. Portion 316
Gramm p. Portion 329
Kochdauer ca. 2 Stunden
Allergene: G
(Kohlehydrat:75,96% / Eiweiß & Fett:24,04%)
100g.≈ Eiweiß 9,26g. Fett:7,36g.
µg. - Ph:91,08 Na:31,47 Ka:222,68 Mg:30,22 Ca:77,57 Fe:0,44 Zn:0,42 Col.:3,65
Hsr.:17,51

Zutaten:
Kuhmilch (Vollmilch 3,5 % Fett) 200 ml. / 200g. (empfehlenswert)
Reis Rundkornreis 25 g. / 25g. (ja)
Banane 100 g. / 100g. (empfehlenswert)
Rote Grütze (ohne Zucker) 2 TL / 4g. (ja)

Kochanleitung:
Die Hälfte der Milch in einem kleinen Topf zum Kochen bringen. Den
Reis einstreuen und bei schwacher Hitze etwa 15 Min. kochen lassen.
Die Banane schälen, mit dem Pürierstab fein zermusen und den Rote-
Bete-Saft dazugeben. Das Bananenmus unter den heißen Reis ziehen.
Eine hübsche Puddingform (ca. ¼ l Inhalt) mit kaltem Wasser
ausschwenken, den Bananenreis in die Form füllen und den Pudding
bei Zimmertemperatur ausquellen lassen. Nach etwa 3 Std. ist er fest
und kann gestürzt werden. Die restliche Milch als Getränk dazugeben.

3.37 Reissuppe mit geraspelten Karotten

Harntreibend, erwärmt den Körper von innen, erweitert die Gefäße, stärkt die Muskeln, reguliert Innenorganfunktionen, senkt Blutdruck, bakterizid, stärkt Immunsystem, beugt Krebs vor, reduziert Strahlenverletzungen, fördert Verdauung.

Anzahl Portionen: 4
Kalorien p. Portion 131
Gramm p. Portion 227
Kochdauer ca. 5 min.
Allergene: EG
(Kohlehydrat:86% / Eiweiß & Fett:14%)
100g.≈ Eiweiß 2,24g. Fett:1,24g.
µg. - Ph:2,54 Na:1,11 Ka:2,18 Mg:1,23 Ca:0,74 Fe:0,03 Zn:0,02 Col.:0,05 Hsr.:1,06

Zutaten:
Reis Wilder (Naturreis) 1 Tasse / 100g. (ja)
Wasser 6 Tassen / 700g. (ja)
Karotte (Mohrrübe, Möhre) 1 Stück / 100g. (ja)
Sojasauce 1 Schuss / 2g. (ja)
Butter Bio 1 TL / 3g. (ja)
Kümmel 1 Prise / 0,3g. (ja)
Kräuter verschiedene 1 TL gehackt / 3g. (ja)

Kochanleitung:
In einer Portion Reis-Congee (nach Grundrezept) eine geraspelte Karotte weich kochen, Butter und Sojasoße zufügen und mit frischen Kräutern bestreuen. Gewürze und Kräuter: Schwarzkümmel, Kurkuma, Kardamom, Petersilie, Salbei, Thymian, Basilikum, Rosmarin. *Winter:* Pastinake, Sellerie, Zwiebel, Lauch, Kürbis. *Sommer:* Tomate, Zucchini, Frühlingszwiebel, Radieschen, Rucola.

3.38 Rettich-Apfel-Joghurt-Frischkost

Stoppt Durchfall, fördert Verdauung, regt Appetit an, entgiftet, harntreibend, reduziert Durst, beugt Krebs vor, stärkt Körperzellen, löst Stagnation.

Anzahl Portionen: 2
Kalorien p. Portion 77
Gramm p. Portion 160
Kochdauer ca. 10 Min.
Allergene: G
(Kohlehydrat:79% / Eiweiß & Fett:21%)
100g.≈ Eiweiß 2,03g. Fett:1,39g.
µg. - Ph:9,35 Na:4,33 Ka:62,52 Mg:3,01 Ca:12,05 Fe:0,2 Zn:0,06 Col.:0,55 Hsr.:3,13

Zutaten:
Joghurt (natur, 3,5 % Fett) 5 EL / 50g. (empfehlenswert)
Zitrone Saft 2 g. / 2g. (ja)
Salz 1 Prise / 0,5g. (wenig)
Pfeffer weiss (gemahlen) 1 Prise / 0,1g. (ja)
Rettich (weiß, grün, lila-rot) 100 g. / 100g. (ja)
Apfel (süß) 1 Stück / 150g. (empfehlenswert)
Petersilie 2 EL / 18g. (ja)

Kochanleitung:
Joghurt mit Zitronensaft, Salz und weißem Pfeffer verrühren. Rettich und Apfel waschen, schälen und fein raspeln. Mit der Joghurtsoße mischen, kurz durchziehen lassen und mit gehackter Petersilie bestreuen.

3.39 Rettichgemüse mit Meerrettich

Regt Leberfunktion an, entgiftet, fördert Verdauung und Durchblutung, harntreibend, reduziert Durst, vertreibt Kälte.
Anzahl Portionen: 2
Kalorien p. Portion 196
Gramm p. Portion 286
Kochdauer ca. 30 Min.
Allergene: GNO
(Kohlehydrat:75% / Eiweiß & Fett:25%)
100g.≈ Eiweiß 4,42g. Fett:5,41g.
µg. - Ph:14,53 Na:2,41 Ka:52,61 Mg:6,65 Ca:11,86 Fe:0,3 Zn:0,11 Col.:0,84 Hsr.:5,46

Zutaten:
Butter Bio 1 EL / 8g. (ja)
Rettich (weiß, grün, lila-rot) 1/2 Stück / 50g. (ja)
Wasser 3 EL / 10g. (ja)
Zitrone Saft 2 EL / 20g. (ja)
Weißwein 2 EL / 20g. (wenig)
Paprika (Rosenpaprikapulver) 1 Prise / 0,2g. (ja)
Sesamöl 1 TL / 3g. (ja)
Rettich Meerrettich (Kren) 2-3 EL / 20g. (ja)
Salz 1 Prise / 0,5g. (wenig)
Petersilie 1 Bund gehackte / 80g. (ja)
Reis Langkornreis 1/2 Tasse / 60g. (ja)
Wasser 3 Tassen / 300g. (ja)
Salz 1 Prise / 0,5g. (wenig)

Kochanleitung:
Den in Stifte geschnittenen Rettich in heißer Butter andünsten, mit kaltem Wasser aufgießen und Zitronensaft, Weißwein, eine Prise Rosenpaprika und das Sesamöl unterrühren. Mit 2-3 EL frisch geriebenem Meerrettich (ersatzweise 1 TL aus dem Glas) und Salz abschmecken und gehackte Petersilie drüberstreuen. Reis in gesalzenem Wasser ca. 15 Min. gar kochen.

3.40 Rettichsaft mit Rohrzucker

Fördert Verdauung, entgiftet (z.B. bei Alkoholvergiftung), fördert Durchblutung, harntreibend, reduziert Durst, beugt Krebs vor, stärkt Körperzellen.

Anzahl Portionen: 1
Kalorien p. Portion 89
Gramm p. Portion 70
Kochdauer ca. 15 Min.
(Kohlehydrat:97% / Eiweiß & Fett:3%)
100g.≈ Eiweiß 0,5g. Fett:0,1g.
µg. - Ph:20,71 Na:12,86 Ka:230,57 Mg:10,71 Ca:23,86 Fe:0,66 Zn:0,21 Col.:0 Hsr.:7,14

Zutaten:
Rettich (weiß, grün, lila-rot) 1/2 Stück / 50g. (ja)
Zucker Ursüße (Zuckerrohr) süß 2-3 EL / 20g. (empfehlenswert)

Kochanleitung:
Rettich raspeln, mit Ursüße vermischen, ziehen lassen und auspressen. Den Saft löffelweise einnehmen.

3.41 Rhabarberkuchen mit Streuseln

Führt ab, senkt Fieber, schont die Verdauungsorgane, entgiftet, wirkt bei Appetitlosigkeit, Blähungen, Darmentzündung. Lindert Schmerzen, bakterizid, hilft bei brüchigen Nägeln und Haaren, bei trockener Haut, Akne und Ekzemen.

Anzahl Portionen: 8
Kalorien p. Portion 476
Gramm p. Portion 239,5
Kochdauer ca. 1 1/2 Stunden
Allergene: AG
(Kohlehydrat:71,96% / Eiweiß & Fett:28,04%)
100g.≈ Eiweiß 12,4g. Fett:15,41g.
µg. - Ph:14,75 Na:1,3 Ka:29,73 Mg:3,75 Ca:5,17 Fe:0,2 Zn:0,02 Col.:0,01 Hsr.:12,08

Zutaten:
Weizen Mehl 400 g. / 400g. (ja)
Kuhmilch (Vollmilch 3,5 % Fett) 250 ml. / 200g. (empfehlenswert)
Hefe 30 g. / 30g. (ja)
Honig 2 TL / 5g. (empfehlenswert)
Sonnenblumenöl 2 TL / 5g. (ja)
Zitrone Schale 1 Stück / 3g. (ja)
Salz 1 Prise / 1g. (wenig)
Rhabarber 1 Kg / 800g. (ja)
Margarine 120 g. / 120g. (ja)
Weizen Mehl 300 g. / 300g. (ja)
Vanillezucker natur 2 Prisen / 1g. (ja)
Zimtpulver 2 Prisen / 1g. (ja)
Honig 5 EL / 50g. (empfehlenswert)

Kochanleitung:
Mehl, abgeriebene Zitronenschale und Salz mischen. Milch leicht
erwärmen und mit Hefe und Honig verrühren. Mehlgemisch und Öl
zugeben und kräftig durchkneten. Den Teig zugedeckt an einem
warmen Ort gehen lassen, bis er die doppelte Menge erreicht hat (ca.
30 Min.). Für die Streusel Mehl mit Vanille und Zimt mischen, danach
Honig und Margarine zufügen und zu einer krümeligen Masse
verarbeiten. Streuselteig noch kühl stellen. Ein Backblech mit
Backpapier auslegen. Den Teig für den Boden noch einmal
durchkneten, ausrollen, auf das Backblech legen und noch einmal 10
Min. gehen lassen. Den Rhabarber waschen, putzen, längs halbieren
und in ca. 3 cm große Stücke schneiden. Die Stücke gleichmäßig auf
dem ausgerollten Teig verteilen und die Streusel über den gesamten
Kuchen krümeln. Den Kuchen in dem auf 175 Grad vorgeheizten
Backofen ca. 40 Min. backen.

3.42 Rindfleischsuppe mit buntem Gemüse und Pilzen

Stärkt Milz, Magen, Blut, Muskeln, Sehnen, Knochen und Magen-Darm-
Funktion. Harmonisiert Magen und Darm, leitet Darmwinde ab, fördert
normale Schilddrüsenfunktion, erweitert Blutgefäße, harntreibend.
Anzahl Portionen: 6
Kalorien p. Portion 142
Gramm p. Portion 255,5
Kochdauer ca. 2-6 Stunden
Allergene: EO
(Kohlehydrat:7% / Eiweiß & Fett:93%)
100g.≈ Eiweiß 24,57g. Fett:4,28g.
µg. - Ph:2 Na:0,68 Ka:3,82 Mg:0,36 Ca:0,55 Fe:0,03 Zn:0,05 Col.:0,66 Hsr.:1,69

Zutaten:
Wasser 3/4 Liter / 700g. (ja)
Zitrone 1 Spritzer / 2g. (ja)
Paprika (Rosenpaprikapulver) 1 Prise / 0,3g. (ja)
Rind Fleisch 500 g. / 500g. (ja)
Brokkoli 1 Tasse geschnitten / 100g. (ja)
Kohlrabi 1 Tasse gewürfelt / 100g. (ja)
Ingwer frisch 2 cm. / 3g. (ja)
Oregano frisch 2 EL / 6g. (ja)
Sojasauce 1 Spritzer / 1g. (ja)
Weißwein 2 EL / 20g. (wenig)
Austernpilze 4-6 Stück / 20g. (ja)
Chinakohl 3-4 EL geschnitten / 30g. (ja)
Pfeffer gemahlen 1 Prise / 0,2g. ()
Zwiebel Frühlingszwiebel 2-3 Stück / 50g. (ja)
Salz 1 Prise / 0,5g. (wenig)

Kochanleitung:
Rindersuppenfleisch oder Beinscheibe mit kaltem Wasser knapp
bedeckt aufsetzen und einige Spritzer Zitronensaft und eine Prise
Rosenpaprika zugeben, zum Kochen bringen und einen Moment
kochen lassen. Dann die ganze Brühe weggießen, den Topf säubern,
das Fleisch mit heißem Wasser abspülen (dadurch erspart man sich
das Abschäumen) und mit 3/4 l heißem Wasser erneut aufsetzen.
Brokkolistiele und Kohlrabi kleingeschnitten und ein Stück in Scheiben
geschnittenen Ingwer dazugeben und köcheln lassen, bis das Fleisch
gar ist. Reichlich getrockneten Oregano, Sojasoße, Weißwein oder
Zitronensaft, etwas Rosenpaprika oder frischen Oregano, in Streifen
geschnittene Austern- oder Shiitakepilze dazugeben und zusammen mit
den Brokkoliröschen und dem kleingeschnittenen Chinakohl köcheln
lassen, bis die Zutaten gar sind. Gemahlenen Pfeffer und reichlich
kleingeschnittene Frühlingszwiebel zufügen und kurz mitkochen lassen.
Mit Salz und Zitronensaft abschmecken.

3.43 Rote Grütze mit Schlagsahne

Beruhigt Magen, stärkt Sehnen, Knochen und Immunsystem,
harntreibend, fördert Verdauung, aktiviert Zellstoffwechsel.
Anzahl Portionen: 2
Kalorien p. Portion 123
Gramm p. Portion 215

Kochdauer ca.   15 Min
Allergene: G
(Kohlehydrat:84% / Eiweiß & Fett:16%)
100g.≈ Eiweiß 2,04g. Fett:4,07g.
µg. - Ph:6,63 Na:0,81 Ka:43,38 Mg:2,9 Ca:6,52 Fe:0,18 Zn:0,04 Col.:1,05 Hsr.:4,19

Zutaten:
Beeren der Saison 2 Tassen / 200g. (empfehlenswert)
Traubensaft rot 1 Glas / 200g. (empfehlenswert)
Zucker Melasse 1 EL / 10g. (empfehlenswert)
Vanille 1 Prise / 0,2g. (ja)
Sahne, süß 30% 2 EL / 20g. (empfehlenswert)

Kochanleitung:
Beeren und rote Früchte (Johannisbeeren, Himbeeren, Erdbeeren, Brombeeren und Heidelbeeren) in einen Topf geben. Ein halbes Glas Holundersaft, ein halbes Glas Rotwein oder roten Traubensaft dazugeben. Einen Esslöffel Zuckerrohrmelasse und eine Messerspitze Vanille dazugeben und ein paar Minuten köcheln lassen. Mit etwas Schlagsahne servieren.

3.44 Rote Linsen mit Avocado und Rettich

Entzündungshemmend, harntreibend, fördert Verdauung, entgiftet, reduziert Durst, stärkt Herz und Nieren, beruhigt den Magen.
Anzahl Portionen: 3
Kalorien p. Portion 268
Gramm p. Portion 235,33
Kochdauer ca.   20 Min.
Allergene: N
(Kohlehydrat:23% / Eiweiß & Fett:77%)
100g.≈ Eiweiß 4,22g. Fett:24g.
µg. - Ph:3,94 Na:3,88 Ka:32,34 Mg:2,2 Ca:1,56 Fe:0,07 Zn:0,04 Col.:0 Hsr.:4,73

Zutaten:
Ingwer frisch 2 Scheiben / 2g. (ja)
Wasser 2 Tassen / 200g. (ja)
Linsen rot 1 Tasse geschälte / 100g. (ja)
Wakame 3 cm. / 1g. (ja)
Salz 1 Prise / 0,5g. (wenig)
Zitrone Saft 1 Spritzer / 1g. (ja)
Avocado 1 Stück / 300g. (ja)
Pfeffer gemahlen 1 Prise / 0,2g. ()
Paprika (Rosenpaprikapulver) 1 Prise / 0,2g. (ja)
Sesamöl 1 Schuss / 1g. (ja)
Rettich (weiß, grün, lila-rot) 1 Tasse / 100g. (ja)

Kochanleitung:
Etwas kleingeschnittenen Ingwer, geschälte rote Linsen, ein Stück
Wakame oder eine kleine Menge Hijiki in das Wasser geben und gar
köcheln. Mit Salz, etwas Zitronensaft und Kurkuma abschmecken.
Währenddessen: ½ Avocado pro Portion auf einem Drittel des Tellers
anrichten und gemahlenen Pfeffer, eine Prise Salz, etwas Zitronensaft,
eine Prise Rosenpaprika und ganz wenig Sesamöl darüber geben.
Geraspelten Rettich auf das zweite Tellerdrittel geben und das
Linsengericht in das letzte Drittel des Tellers füllen. Variante:
Radieschenscheiben an Stelle des Rettichs verwenden.

3.45 Rote-Bete-Salat mit Salatgurke

Harntreibend, entgiftend, unterdrückt Umwandlung von Zucker in Fett,
senkt Cholesterinspiegel. Fördert Durchblutung, stärkt Muskeln,
antioxidativ. Stärkt Magen-Darm-Funktion, erweitert Blutgefäße,
bakterizid.

Anzahl Portionen: 2
Kalorien p. Portion 246
Gramm p. Portion 267,6
Kochdauer ca. 45 Min.
Allergene: GMO
(Kohlehydrat:35,18% / Eiweiß & Fett:64,82%)
100g.≈ Eiweiß 2,85g. Fett:20,34g.
µg. - Ph:15,69 Na:13,34 Ka:102,31 Mg:7,11 Ca:10,78 Fe:0,31 Zn:0,06 Col.:0,02 Hsr:6,17

Zutaten:
Rote Rübe 4 Stück / 200g. (ja)
Gurke 1 Stück / 250g. (ja)
Olivenöl 4 EL / 40g. (ja)
Zucker Ursüße (Zuckerrohr) süß 1 Prise / 1g. (empfehlenswert)
Pfeffer gemahlen 1 Prise / 0,2g. ()
Senfsamen 1 Prise Pulver / 0,2g. (ja)
Dill 1/2 TL gehackt / 2g. (ja)
Zwiebel Frühlingszwiebel 2 Stück / 40g. (ja)
Salz 1 Prise / 0,5g. (wenig)
Essig (Apfelessig) 1 Spritzer / 1g. (ja)
Sauerrahm 15% Fett 2 EL / g. (empfehlenswert)
Paprika (Rosenpaprikapulver) 1 Prise / 0,3g. (ja)

Kochanleitung:

Rote Bete weich kochen, schälen und würfeln. Salatgurke schälen und ebenfalls würfeln. Dressing: Olivenöl, etwas Vollrohrzucker, Pfeffer, Senfpulver, Dill, fein geschnittene Frühlingszwiebel, Salz, Essig, etwas Sauerrahm und eine Prise Rosenpaprika verrühren. Die rote Bete unterheben und ziehen lassen. Die Gurken erst kurz vor dem Servieren dazugeben, damit sie ihre helle Farbe behalten. Dazu passt: Hirse, die zusammen mit dem Salat eine einfache und leichte Mahlzeit ergibt.

3.46 Rotwein mit Eigelb

Zur Kräftigung nach Krankheit, zur Beruhigung und als Schlafmittel, als Schmerzmittel, bei Verstimmungen, bei Herz-Kreislauf-Störungen.

Anzahl Portionen: 1
Kalorien p. Portion 243
Gramm p. Portion 225
Kochdauer ca. 5 Min.
Allergene: CO
(Kohlehydrat:2,2% / Eiweiß & Fett:97,8%)
100g.≈ Eiweiß 4,22g. Fett:7,98g.
µg. - Ph:83,33 Na:8,33 Ka:108,67 Mg:10,67 Ca:23,56 Fe:1,33 Zn:0,51 Col.:140 Hsr.:0,67

Zutaten:

Rotwein 1 Glas / 200g. (ja)
Huhn Eigelb 1 Stück / 25g. (ja)

Kochanleitung:

Rohes Eigelb in Rotwein einschlagen.

3.47 Sommersalat

Fördert Verdauung, hilft Fett zu verdauen, stärkt Magen, harntreibend, senkt Blutdruck, entgiftet, beugt Krebs vor, zieht Adern zusammen, erweitert Herzkranzgefäße, zieht Gebärmutter zusammen.

Anzahl Portionen: 1
Kalorien p. Portion 281
Gramm p. Portion 211
Kochdauer ca. 10 Min.
Allergene: GMNO
(Kohlehydrat:17% / Eiweiß & Fett:83%)
100g.≈ Eiweiß 9,99g. Fett:24,35g.
µg. - Ph:98,09 Na:400,8 Ka:189,73 Mg:18,19 Ca:141,3 Fe:0,78 Zn:0,5 Col.:7,82
Hsr.:10,55

Zutaten:
Rucola Rauke 1 Handvoll / 15g. ()
Radicchio 1 Kopf / 30g. (ja)
Tomate 2 (gewürfelt) / 100g. (ja)
Olivenöl 1 EL / 10g. (ja)
Oliven 2 EL / 16g. (ja)
Essig Aceto Balsamico 1 EL / 10g. (ja)
Senf mittelscharf 2 TL / 5g. (ja)
Sesam Paste (Tahini) 1 TL / 2g. (ja)
Parmesan 2 EL / 20g. (ja)
Salz 1 Prise / 0,5g. (wenig)
Pfeffer gemahlen 1 Prise / 0,2g. ()
Rosmarin 2 TL / 3g. (ja)

Kochanleitung:
Den Salat waschen, klein zupfen und in einer Schüssel anrichten.
Soße: Öl, Balsamico-Essig, Senf und Tahin in ein Glas mit Deckel
geben und gut durchschütteln. Mit Salz und Pfeffer abschmecken. Salat
mit der Soße und den Oliven mischen, mit Parmesan und zum Schluss
mit Rosmarin bestreuen.

3.48 Spargel an Zitronenpesto

Harntreibend, fördert Durchblutung, beugt Krebs vor, stärkt Magen,
fördert Gewichtsabnahme. Hilft bei: Abwehrschwäche, Appetitlosigkeit,
Arteriosklerose, Blähungen, Blasenschwäche, Blutarmut,
Bluthochdruck, Depressionen, Diabetes, Durchfall, Erbrechen.
Anzahl Portionen: 2
Kalorien p. Portion 172
Gramm p. Portion   308,2
Kochdauer ca.   20 Min.
Allergene: H
(Kohlehydrat:30,25% / Eiweiß & Fett:69,75%)
100g.≈ Eiweiß 5,19g. Fett:12,46g.
µg. - Ph:20,3 Na:1,52 Ka:51,43 Mg:6,7 Ca:12,29 Fe:0,25 Zn:0,07 Col.:0,01 Hsr.:10,99

Zutaten:
Spargel (grün oder weiß) 500 g. / 500g. (ja)
Zitrone 1 Stück / 35g. (ja)
Wasser heiss 1/2 Tasse / 50g. (ja)
Boxhornkleesamen 1 Prise / 0,2g. (ja)
Olivenöl 2 EL / 20g. (ja)
Mandeln 1 EL / 8g. (ja)

Zucker Ursüße (Zuckerrohr) süß 1 Prise / 0,5g. (empfehlenswert)
Knoblauch 1 Zehe / 2g. (ja)
Pfeffer gemahlen 1 Prise / 0,2g. ()
Salz 1 Prise / 0,5g. (wenig)

Kochanleitung:
Spargel waschen und schälen (die weißen ganz, die grünen nur am unteren Ende) und schräg in etwa 3 cm lange Stücke schneiden. Im Dampfsieb die weißen ca. 12 Min., die grünen ca. 10 Min. garen. Für das Pesto, die Zitrone in kleine Stücke schneiden, Kerne entfernen. Die restlichen Zutaten beigeben und zu einer sämigen Soße pürieren. Den Spargel anrichten und mit dem Zitronenpesto überziehen. Dazu passt Reis, Bulgur oder Hirse.

3.49 Spargelcremesuppe

Harntreibend, fördert Durchblutung, produziert Körpersäfte, beugt Krebs vor, führt ab, antiparasitär, regt Leberfunktion an. Gut bei Appetitlosigkeit, Blähungen, Rheuma, Sodbrennen.

Anzahl Portionen: 2
Kalorien p. Portion 240
Gramm p. Portion 409,5
Kochdauer ca. 45 Min.
Allergene: ACG
(Kohlehydrat:21% / Eiweiß & Fett:79%)
100g.≈ Eiweiß 5,2g. Fett:19,85g.
µg. - Ph:9,44 Na:1,5 Ka:15,8 Mg:1,6 Ca:6,23 Fe:0,13 Zn:0,08 Col.:9,84 Hsr.:2,42

Zutaten:
Spargel (grün oder weiß) 200 g / 200g. (ja)
Wasser 1/2 Liter / 500g. (ja)
Rapsöl 3 EL / 30g. (ja)
Weizen Mehl 2 EL / 10g. (ja)
Huhn Eigelb 1 Stück / 25g. (ja)
Kuhmilch (Vollmilch 3,5 % Fett) 1 EL / 15g. (empfehlenswert)
Sauerrahm 15% Fett 1 EL / 15g. (empfehlenswert)
Pfeffer gemahlen 1 Prise / 0,5g. ()
Muskatnuss 1 Prise / 0,5g. (ja)
Zitrone Saft 1 TL / 2g. (ja)
Petersilie 2 EL / 20g. (ja)
Salz 1 Prise / 1g. (wenig)

Kochanleitung:
Den Spargel waschen und schälen. Wasser, etwas Zitronensaft und eine Prise Salz zum Kochen bringen. Die Spargelstangen zusammenbinden. Spargelschalen ins Kochwasser geben und aufkochen lassen. Den Spargel in die kochende Flüssigkeit geben und auf kleiner Hitze ca. 20 Min. garen lassen. Danach die Spargelbündel herausnehmen und den Sud durch ein Sieb gießen. Für die Einbrenne das Öl in einem Topf erhitzen, das Mehl zugeben und farblos anschwitzen. Mit dem Spargelsud langsam auffüllen und 10 Min. köcheln lassen. Die Spargelstangen in ca. 3 cm lange Stücke schneiden und unter die abgebundene Suppe geben. Kurz vor dem Servieren die Suppe nochmals aufkochen lassen. Das Eigelb mit Milch und Sauerrahm verrühren. Den Topf vom Herd nehmen und danach das Eigelb-Milch-Gemisch unterrühren. Mit Pfeffer und Muskat abschmecken, mit der gehackten Petersilie dekorieren und sofort servieren.

3.50 Spargel-Kräuter-Ragout

Harntreibend, fördert Durchblutung, beugt Krebs vor, löst Stagnation, fördert Gewichtsabnahme, regt Leberfunktion an. Gut bei Abwehrschwäche, Appetitlosigkeit, Blähungen, Bluthochdruck, Depressionen, Diabetes, Durchfall.

Anzahl Portionen: 4
Kalorien p. Portion 168
Gramm p. Portion 465,5
Kochdauer ca. 30 Min.
Allergene: GL
(Kohlehydrat:78% / Eiweiß & Fett:22%)
100g.≈ Eiweiß 7,54g. Fett:4,09g.
µg. - Ph:2,55 Na:0,54 Ka:11,94 Mg:2,69 Ca:9,45 Fe:0,06 Zn:0,02 Col.:0 Hsr.:1,09

Zutaten:
Grundrezept für eine Gemüsebrühe 500 ml / 500g. (ja)
Zitrone Schale 1/2 Stück / 3g. (ja)
Koriander 1/4 TL / 1g. (ja)
Muskatnuss 1 Prise / 0,3g. (ja)
Spargel (grün oder weiß) 800 g. / 800g. (ja)
Petersilie 1 Bund / 125g. (ja)
Creme fraiche 2 EL / 30g. (ja)
Zitrone Saft 1 TL / 3g. (ja)
Kartoffel 400 g. / 400g. (ja)

Kochanleitung:
Kartoffeln in reichlich gesalzenem Wasser ca. 20 Min. weich kochen.
Gemüsebrühe mit Zitronenschale, Koriander und Muskat zum Kochen
bringen. Den geschälten und in Stücke geschnittenen Spargel darin
weich kochen. Spargel in ein Sieb abgießen. Die Flüssigkeit auffangen
und im Mixer mit 200 g (die unteren Enden) des gekochten Spargels
und der Petersilie zu einer glatten Soße mixen. Crème fraîche
einrühren, den Spargel untermischen und nochmals erhitzen. Mit
Zitronensaft, Salz und Pfeffer abschmecken und mit den Kartoffeln
servieren.

3.51 Suppe mit Gurken und Tomaten

Harntreibend, entgiftend, unterdrückt Umwandlung von Zucker in Fett,
senkt Cholesterinspiegel, fördert Verdauung, hilft Fett zu verdauen,
senkt Blutdruck, beruhigt Nerven und Magen.
Anzahl Portionen: 2
Kalorien p. Portion 137
Gramm p. Portion 401
Kochdauer ca. 10 Min.
Allergene: CO
(Kohlehydrat:32% / Eiweiß & Fett:68%)
100g.≈ Eiweiß 10,32g. Fett:7,3g.
µg. - Ph:12,64 Na:6,77 Ka:36,39 Mg:2,29 Ca:5,12 Fe:0,17 Zn:0,09 Col.:14,81 Hsr.:1,83

Zutaten:
Gurke 1 Stück / 300g. (ja)
Tomate 4 Stück (sehr reife) / 200g. (ja)
Zwiebel weiss 1 Stück / 50g. (ja)
Paprika 1/2 Stück (grün) / 10g. (ja)
Salz 1 Prise / 0,5g. (wenig)
Essig (Apfelessig) 1 Schuss / 2g. (ja)
Wasser 1 Tasse / 120g. (ja)
Huhn Ei 2 Stück / 120g. (ja)

Kochanleitung:
Alle Zutaten im Mixer pürieren und im Kühlschrank abkühlen lassen.
Beim Servieren mit kleingeschnittenen Semmelwürfeln und
kleingeschnittenem hartgekochten Ei bestreuen.

3.52 Süß-pikanter Gerstensalat

Harntreibend, adstringierend, antibakteriell, beruhigend, entspannend, stärkt Magen, befeuchtet die Haut.

Anzahl Portionen: 2
Kalorien p. Portion 511
Gramm p. Portion 311,6
Kochdauer ca. 25 Min.
Allergene: AGHO
(Kohlehydrat:71,14% / Eiweiß & Fett:28,86%)
100g.≈ Eiweiß 8,52g. Fett:20,59g.
µg. - Ph:40,44 Na:5,43 Ka:101,3 Mg:14,71 Ca:15,53 Fe:0,43 Zn:0,13 Col.:0 Hsr.:13,49

Zutaten:

Wasser 200 g. / 50g. (ja)
Gerste 100 g. / 100g. (ja)
Apfel (sauer) 2 Stück / 300g. (empfehlenswert)
Trauben rot 1 Handvoll / 20g. (ja)
Datteln getrocknet 2 EL (entkernt) / 20g. (ja)
Mandeln 1 EL / 10g. (ja)
Curry 1 Prise / 0,2g. (ja)
Salz 1 Prise / 0,5g. (wenig)
Zitrone Saft 1 Stück / 20g. (ja)
Zitrone Schale 1/4 Stück / 2g. (ja)
Kakao 1 Prise / 0,5g. (ja)
Sahne, süß 30% 100 ml. / 100g. (empfehlenswert)

Kochanleitung:

Gerste in Wasser kochen und dann mit 2 süßen kleingeschnittenen Äpfeln, einer Handvoll roten Trauben, etwa 80 g entkernten Datteln, etwa 50 g gehackten Mandeln, etwas Curry, einer Prise Salz, Saft von 1 Zitrone, geriebener Zitronenschale und etwas Kakao gut vermischen und 1 Std. ziehen lassen. 100 ml Schlagsahne unterheben.
Empfehlung: im Sommer als erfrischende Abendmahlzeit.

3.53 Tofu-Schwarzbohnen-Chili mit Reis

Harntreibend, senkt den Cholesterinspiegel, beugt Arteriosklerose vor. Stärkt Immunsystem.

Anzahl Portionen: 4
Kalorien p. Portion 343
Gramm p. Portion 427,75
Kochdauer ca. 45 Min.
Allergene: AEL
(Kohlehydrat:65% / Eiweiß & Fett:35%)
100g.≈ Eiweiß 36,36g. Fett:19,24g.
µg. - Ph:8,2 Na:2,23 Ka:11,79 Mg:4,98 Ca:6,05 Fe:0,14 Zn:0,03 Col.:0,02 Hsr.:3,18

Zutaten:
Rapsöl 60 ml. / 60g. (ja)
Zwiebel weiss 2 Stück / 120g. (ja)
Paprika 1 Stück / 20g. (ja)
Chili (Schote oder gemahlen) 1/2 EL / 3g. (ja)
Pfeffer Cayenne 1 Prise / 0,5g. (ja)
Koriander 1 TL / 2g. (ja)
Thymian 1 TL / 2g. (ja)
Nelke 1 TL / 2g. (ja)
Dinkel Vollkornmehl 2 EL / 16g. (ja)
Sherry 1 EL / 8g. (wenig)
Soja Tofu 250 g. / 250g. (ja)
Schwarze Bohnen 2 Dosen (400g) / 400g. (ja)
Grundrezept für eine Hühnerbrühe wärmend 350 ml. / 300g. (ja)
Lorbeerblatt 1 Stück / 0,2g. (ja)
Knoblauch 6 Stück / 8g. (ja)
Wasser 6 Tassen / 400g. (ja)
Reis Basmatireis 1 Tasse / 120g. (ja)

Kochanleitung:
Das Öl in einem großen Topf bei mittlerer Temperatur erhitzen.
Zwiebeln, Paprika und Chilipulver darin 2 Min. anbraten, bis die
Zwiebeln glasig sind. Die übrigen Gewürze zufügen und unter
ständigem Rühren mitrösten, bis das Aroma aufsteigt. Das Mehl
darüber stäuben, 2 Min. weiter braten und darauf achten, dass die
Pasten artige Gewürzmischung nicht anbrennt. Mit Sherry ablöschen,
die schwarzen Bohnen (Dose) hineingeben und mit den Gewürzen
verrühren. Mit der Hühnerbrühe aufgießen, das Lorbeerblatt zufügen
und den gehackten Knoblauch unterrühren. Bohnen 30 Min. köcheln
lassen und bei Bedarf noch etwas Hühnerbrühe aufgießen. Während
der letzten 10 Min. die Tofuwürfel mitgaren. Der Tofu kann leicht
zerfallen und sollte deshalb sehr behutsam mit einem Holzlöffel
untergehoben werden. Zum Schluss das Lorbeerblatt herausfischen
und das Chili mit Reis servieren.

3.54 Tsampa mit Marmelade oder Obstkompott

Stärkt Milz und Magen, kühlt Blase, harntreibend, befeuchtet den Darm und die Haut, entspannt. Stoppt Durchfall, fördert Verdauung, regt Appetit an.

Anzahl Portionen: 1
Kalorien p. Portion 280
Gramm p. Portion 243
Kochdauer ca. 5 min.
Allergene: AGO
(Kohlehydrat:73% / Eiweiß & Fett:27%)
100g.≈ Eiweiß 6,45g. Fett:9,58g.
µg. - Ph:63,69 Na:2,33 Ka:134,84 Mg:34,23 Ca:13,15 Fe:0,63 Zn:1,98 Col.:1,98 Hsr.:30,8

Zutaten:

Tsampa (geröstetes Gerstenmehl) 3 EL / 30g. (ja)
Wasser 6-8 EL / 70g. (ja)
Butter Bio 1/2 TL / 2g. (ja)
Erdbeermarmelade 1 EL / 7g. (ja)
Sonnenblumenkerne 2 TL / 14g. (ja)
Apfel (süß) 1 Stück gerieben / 120g. (empfehlenswert)

Kochanleitung:

Tsampa mit kochendem Wasser übergießen und mit einem Löffel umrühren, bis ein Brei entsteht. Butter, Marmelade, Sonnenblumenkerne und geriebenen Apfel dazugeben. Süßen nach Geschmack mit Honig, Vollrohrzucker oder Gerstenmalz. Gewürze und Kräuter: frische Minze, Vanille oder Kakao, Anis, Zimt. Sommer: Marmelade oder Kompott nach Wahl. Winter: Nüsse und Apfel oder Birne.

3.55 Vanillepudding

Gegen Verstopfung.

Anzahl Portionen: 2
Kalorien p. Portion 255
Gramm p. Portion 274,5
Kochdauer ca. 10 Min.
Allergene: G
(Kohlehydrat:67,17% / Eiweiß & Fett:32,83%)
100g.≈ Eiweiß 8,11g. Fett:8,88g.
µg. - Ph:44,27 Na:33,55 Ka:70,35 Mg:5,7 Ca:55,16 Fe:0,1 Zn:0,09 Col.:1,37 Hsr.:0

Zutaten:

Kuhmilch (Vollmilch 3,5 % Fett) 500 ml. / 500g. (empfehlenswert)
Puddingpulver Vanille 1 Paket / 37g. (ja)
Zucker (weiß, aus Rüben) 1 EL / 12g. (empfehlenswert)

Kochanleitung:
3-5 EL der Milch in eine Tasse geben und den Rest in einem Topf zum Kochen bringen. Das Puddingpulver zusammen mit dem Zucker und der Milch in der Tasse klümpchenfrei verrühren. Sobald die Milch kocht, die Mischung zugeben und unter ständigem Rühren auf kleiner Flamme ca. 3 Min. kochen. In vorbereitete Schälchen verteilen.

3.56 Vitamindrink

Reguliert Magen-Darm-Funktion, stärkt Milz und Leber, senkt Blutdruck, bakterizid, stärkt Immunsystem, beugt Krebs vor.
Anzahl Portionen: 3
Kalorien p. Portion 172
Gramm p. Portion 273,33
Kochdauer ca. 5 Min.
(Kohlehydrat:91,86% / Eiweiß & Fett:8,14%)
100g.≈ Eiweiß 2,79g. Fett:0,57g.
µg. - Ph:9,44 Na:2,63 Ka:80,69 Mg:7,39 Ca:10,07 Fe:0,28 Zn:0,03 Col.:0 Hsr.:6,17

Zutaten:
Orangensaft 300 ml. / 300g. (empfehlenswert)
Karotte (Mohrrübe, Möhre) 200 g. / 200g. (ja)
Banane 2 Stück / 300g. (empfehlenswert)
Kiwi 1 Stück / 20g. (ja)

Kochanleitung:
Orangen, Karotten, Bananen und die Kiwi grob zerkleinern und mit dem Mixstab fein pürieren.

3.57 Vollmilch-Getreide-Brei

Entzündungshemmend, antiallergisch, kreislaufstabilisierend, stoffwechselregulierend. Senkt Blutzucker und Cholesterin, befeuchtet Darm, kühlt innere Hitze.
Anzahl Portionen: 1
Kalorien p. Portion 206
Gramm p. Portion 290
Kochdauer ca. 20 Min.
Allergene: AG
(Kohlehydrat:59,59% / Eiweiß & Fett:40,41%)
100g.≈ Eiweiß 8,98g. Fett:7,66g.
µg. - Ph:96,41 Na:73 Ka:144,97 Mg:18,31 Ca:88,66 Fe:0,42 Zn:0,33 Col.:4,14 Hsr.:6,62

Zutaten:
Kuhmilch (Vollmilch 3,5 % Fett) 200 ml. / 200g. (empfehlenswert)
Wasser 50 ml. / 50g. (ja)
Dinkel Flocken 20 g. / 20g. (ja)
Obstmischung Fruchtsaft 20 g. / 20g. (empfehlenswert)

Kochanleitung:
Die Milch mit den Vollkornflocken aufkochen und quellen lassen. Das
pürierte Obst dazugeben Wechseln Sie zwischen Weizen, Hafer und
Dinkelvollkornflocken sowie die Obstsorten. So erhalten Sie eine Vielfalt
an Geschmacksrichtungen.

3.58 Wärmende Karottensuppe

Stärkt und wärmt, senkt Blutdruck, bakterizid, stärkt Immunsystem,
beugt Krebs vor, reduziert Strahlenverletzungen, stärkt Magen-Darm-
Funktion.

Anzahl Portionen: 3
Kalorien p. Portion 133
Gramm p. Portion 274,67
Kochdauer ca. 30 min
Allergene: HL
(Kohlehydrat:78,77% / Eiweiß & Fett:21,23%)
100g.≈ Eiweiß 2,17g. Fett:7,87g.
µg. - Ph:8,57 Na:6,92 Ka:27,55 Mg:25,11 Ca:97,93 Fe:0,4 Zn:0,03 Col.:0 Hsr.:2,99

Zutaten:
Karotte (Mohrrübe, Möhre) 4 Stück / 250g. (ja)
Walnussöl 2 EL / 20g. (ja)
Zwiebel Schalotte 2 Stück / 40g. (ja)
Anis (gemeiner Fenchel) 1/2 TL / 1g. (ja)
Muskatnuss 1 Prise / 1g. (ja)
Ingwer frisch 1/2 TL / 1g. (ja)
Salz 1 Prise / 1g. (wenig)
Grundrezept für eine Gemüsebrühe nahrhaft 1/2 Liter / 500g. (ja)
Petersilie 1 EL / 10g. (ja)

Kochanleitung:
Walnussöl in einem Topf erhitzen und die kleingeschnittenen Zwiebeln
darin anbraten. Karotten gewürfelt zufügen. Anis, Muskat, etwas Ingwer
und Salz zugeben. Wasser oder Gemüse- bzw. Fleischbrühe zugeben.
Alles weich kochen und dann pürieren. Am Ende Petersilie unterheben.
Empfehlung: Die Suppe eignet sich für die kalte Jahreszeit, vor allem,
wenn man als Flüssigkeit zum Aufgießen Fleischbrühe verwendet.

3.59 Weizengrießklößchen mit Olivenkräutersoße und Salat

Schont die Verdauungsorgane, entgiftet, löst Stagnation, lindert Müdigkeit. Gut bei Appetitlosigkeit, Blähungen, Darmentzündung, Fettsucht, Gicht, Magengeschwür, Magenkrämpfen, Rheuma, Sodbrennen.

Anzahl Portionen: 3
Kalorien p. Portion 245
Gramm p. Portion 291,17
Kochdauer ca. 15 Min.
Allergene: ACGL
(Kohlehydrat:76,69% / Eiweiß & Fett:23,31%)
100g.≈ Eiweiß 7,65g. Fett:9,47g.
µg. - Ph:13,31 Na:7,52 Ka:19,16 Mg:23,89 Ca:91,54 Fe:0,29 Zn:0,04 Col.:3,02 Hsr.:8,16

Zutaten:
Sahne, süß 30% 40 g. / 40g. (empfehlenswert)
Wasser 65 ml / 65g. (ja)
Weizen Gries 100 g. / 100g. (ja)
Huhn Ei 1 Stück / 60g. (ja)
Pfeffer gemahlen 1 Prise / 0,5g. ()
Zitrone Schale 1 Prise / 1g. (ja)
Zwiebel weiss 1 Stück / 60g. (ja)
Olivenöl 1 TL / 2g. (ja)
Lauchzwiebel Schnittlauch 1 EL / 7g. (ja)
Grundrezept für eine Gemüsebrühe nahrhaft 500 ml / 500g. (ja)
Kopfsalat 2 Handvoll / 30g. (ja)
Olivenöl 1 TL / 3g. (ja)
Zitrone Saft 1 TL / 3g. (ja)
Oregano frisch 1 TL / 2g. (ja)

Kochanleitung:
Sahne und Wasser mischen und zum Kochen bringen. Den Weizengrieß einrühren und zu einem dicken Brei kochen. Vom Herd nehmen, das Ei verquirlen und unterrühren, mit Pfeffer und etwas geriebener Zitronenschale würzen. Mit 2 Kaffeelöffeln Klößchen abstechen und in der leicht kochenden Gemüsebrühe ziehen lassen, bis sie oben schwimmen. Die Zwiebel klein hacken, im Olivenöl in einer Pfanne rösten, die Grießklößchen darin schwenken und auf Teller geben. Mit fein geschnittenem Schnittlauch bestreuen. Salat waschen und in feine Streifen schneiden. Mit Olivenöl, Zitronensaft und Oregano würzen.

3.60 Zwetschgen mit Bio-Quark

Krebsvorbeugende Wirkung, entwässert den Körper, regt die Verdauung an und bindet Fette im Darm. Gut bei Körperschwäche, Magendruck, Aufstoßen, Diabetes, akuter oder chronischer Verstopfung und Hautproblemen.

Anzahl Portionen: 2
Kalorien p. Portion 141
Gramm p. Portion 270
Kochdauer ca. 10 Min.
Allergene: G
(Kohlehydrat:79% / Eiweiß & Fett:21%)
100g.≈ Eiweiß 3,15g. Fett:4,1g.
µg. - Ph:8,01 Na:1,04 Ka:57,99 Mg:2,14 Ca:4,91 Fe:0,1 Zn:0,03 Col.:0,44 Hsr.:4,66

Zutaten:
Zwetschken 1/2 Kg. / 500g. (ja)
Butter Bio 1/2 TL / 2g. (ja)
Vanille 1 Prise / 0,2g. (ja)
Zimtpulver 1 Prise / 0,2g. (ja)
Koriander 1 Prise / 0,2g. (ja)
Kardamom 1 Prise / 0,2g. (ja)
Zitrone Saft 1 Schuss / 1g. (ja)
Kakao 1 Prise / 0,3g. (ja)
Apfelsaft (Naturtrüb) 1 Schuss / 3g. (empfehlenswert)
Zucker Ursüße (Zuckerrohr) süß 1 TL / 3g. (empfehlenswert)
Topfen (Quark) 20% 3 EL / 30g. (ja)

Kochanleitung:
Zwetschgen halbieren und entsteinen und in wenig Butter in einer Pfanne andünsten. Vanille, Zimt, Koriander und Kardamom zugeben. Wasser zufügen, so dass die Zwetschgen zu einem Viertel bedeckt si. Zitronensaft und eine Prise Kakao dazugeben und mit wenig Birnen- oder Apfelsaft aufgießen, so dass die Zwetschgen etwa zur Hälfte bedeckt sind. Nach Geschmack mit Vollrohrzucker süßen.Ca. 7 Min. leise köcheln lassen, so dass die Zwetschgen weich, aber nicht verkocht sind. Zwetschgen kreisförmig auf dem Teller anrichten. In die Mitte 1 EL Bio-Quark (wer mag kann Schafmilchquark verwenden) geben. Wenig Saft der gekochten Zwetschgen über das Dessert gießen.

4 Wirkung der Lebensmittel

4.1 Zutaten verwenden: empfehlenswert

Ahornsirup
Apfel (sauer)
Apfel (süß)
Apfelmus
Apfelsaft (Naturtrüb)
Aprikose
Aprikosennektar
Astronautenkost
Banane
Banane Kochbanane
Beeren der Saison
Beerensaft
Birne
Birnensaft
Bitter Lemon
Clementinen
Fruchtzucker (Fruktose,
Traubenzucker)
Honig
Joghurt (natur, 3,5 % Fett)
Johannisbeernektar (schwarz)
Kirschenkompott

Kirschsaft
Kompott (Früchte der Saison)
Kuhmilch (Vollmilch 3,5 % Fett)
Mangosaft
Marillensaft
Obstmischung Fruchtsaft
Orangensaft
Sahne sauer 30%
Sahne, süß 30%
Sauermilch
Sauerrahm 15% Fett
Traubensaft rot
Traubensaft weiß
Walnüsse
Walnüsse geröstet
Zucker (Staubzucker)
Zucker (weiß, aus Rüben)
Zucker braun
Zucker Kandis weiß
Zucker Melasse
Zucker Palmzucker
Zucker Ursüße (Zuckerrohr) süß

4.2 Zutaten verwenden: ja

Aal
Acerola Fruchtnektar oder Pulver
Adzukibohnen
Agar-Agar, Agartang
Agavendicksaft
Aloesaft
Amaranth
Amaranth POPS
Ananas
Ananassaft ungezuckert
Andornkraut
Angelikawurzel
Anis (gemeiner Fenchel)
Aprikose getrocknet
Aprikosen Marmelade
Artischocke
Aubergine
Austern
Austernpilze
Austernschalenpulver
Avocado

Backpulver
Baldrian
Bambussprossen
Banchatee
Bärentraubenblätter
Bärlauch (Knoblauchspinat)
Barsch
Basilikum
Basilikum (frisch)
Bataviasalat
Benediktinerdistel
Berberitzenrindetee
Bier (alkoholarm)
Bier (alkoholfrei)
Bitterklee
Bitterorangenschale
Blätterteig
Blattsalate (bitter)
Blumenkohl (Karfiol)
Blütenpollen
Bocksdornfrüchte (Fructus Lycii)

getrocknet
Bockshornklee
Bohnen (grün, frisch)
Bohnenkraut
Bohnenöl
Borretsch
Borretschöl
Boxhornkleesamen
Bratöl
Brennnessel
Brie
Brokkoli
Brombeerblätter
Brombeere
Brombeere getrocknet (unreife)
Brombeermarmelade
Brösel (Weizenbrot, Semmel)
Brot mit Johannisbrotkernmehl
Brötchen (Semmel)
Buchweizen
Buchweizen (geröstet) Kasha
Buchweizen Vollkorn
Bulgur (Getreide)
Buschbohnen
Butter (halbfett)
Butter Bio
Butterbohnen weiße
Buttermilch
Butterschmalz
Calamari
Camembert
Cashewnüsse
Champignon
Channa-Dal
Chenpi (chinesische
Mandarinenschale)
Chicorée
Chili (Schote oder gemahlen)
Chinakohl
Chlorella (Süßwasser)
Chrysanthemenblütentee
Colagetränk
Couscous
Cranberries
Creme fraiche
Cumin (Kreuzkümmel)
Curry
Currypaste rot
Dashi
Datteln getrocknet
Datteln rot
Dill
Dinkel
Dinkel Brot

Dinkel Flocken
Dinkel Gries
Dinkel Vollkornmehl
Distelöl
Dornhai (Seeaal, Schillerlocken)
Dorsch
Dulse (Lappentang)
Edamer
Eibennuss
Eibisch (Hibiscus)
Eisbergsalat
Emmentaler
Endiviensalat
Ente (Frühmastente, schlachtfrisch)
Ente (Herz)
Entenei
Enzianwurzel
Erbse, grün
Erbsen
Erdbeere
Erdbeermarmelade
Erdbeersaftgetränk
Erdnuss (geröstet)
Erdnussbutter
Erdnüsse
Erdnussöl
Essig (Apfelessig)
Essig (Rotweinessig)
Essig Aceto Balsamico
Essig Aceto Balsamico weiss
Essiggurke
Estragon
Färberdiestel (Hong Hua)
Färberginsterkraut
Fasan
Feige
Feige getrocknet
Feldsalat
Fenchel
Fenchelsamen gemahlen
Fencheltee
Feta
Fisch Innereien
Fischreste
Fischsouce
Fischstücke gemischt (Süßwasser)
Flaschenkürbis
Flohsamen
Flunder
Forelle
Forelle (geräuchert)
Frischkäse
Frischkäse aus Soja
Frischkäse mit Kräuter

Früchtetee
Gagelpflaume
Galgant
Gans
Gans (Gänseklein)
Gans (Gänseschmalz)
Gänseblümchen
Gänseblut
Gänseei
Garam Masala Pulver
Garnele
Gelatine weiss
Gelee Royal
Gemüsesaft
Gerste
Gerste (Nacktgerste)
Gerste (Perlgerste)
Gerstengras Pulver
Gerstengraupen
Gerstengrütze
Gerstenmalz
Gerstenmehl
Getreidekaffee
Gewürznelke
Ginkgofrucht
Ginsengwurzel
Glühweingewürzmischung
Gorgonzola
Gouda
Granatapfel
Grapefruit getrocknete Schale
Grapefruit/Pampelmuse/Pomelo
Grapefruitsaft
Graskarpfen
Grüner Tee
Grünkern
Guave
Gurke
Gurke (bitter)
Gurke (Gewürzgurke)
Hafer
Hafer Flocken (Vollkorn)
Hafer Flocken geröstet
Hafer Mehl
Hafer Milch
Hafer Schmelzlocken (Babynahrung)
Hafer Schrot
Hagebutte
Hagebuttentee
Haifisch
Hammel
Hase
Hase, wild
Haselnüsse

Hefe
Heidelbeere
Heidelbeere getrocknet
Heidelbeermarmelade
Heidelbeersaft
Heilbutt
Hering
Hibiskustee
Hijiki
Himbeerblättertee
Himbeere
Himbeere getrocknet (unreife)
Himbeermarmelade
Hiobsträne (Samen) YiYi Ren
Hirsch Fleisch
Hirsch Knochen
Hirsch Nieren
Hirse
Hirseflocken
Hokkaidokürbis
Holunderbeeren
Holunderblütentee
Honigmelone
Hopfen
Huhn Blut
Huhn Ei
Huhn Eigelb
Huhn Eiweiß
Huhn Fleisch
Huhn Herz
Huhn Leber
Huhn Magen
Hummer
Hüttenkäse
Ingwer frisch
Ingwer Pulver
Ingweröl
Jakobstränen
Jasminblütentee
Joghurt (natur, 1,5 % Fett)
Johannisbeere (rot)
Johannisbeere (schwarz)
Johannisbeere (weiß)
Johannisbeermarmelade (rot)
Johannisbeermarmelade (schwarz)
Johannisbrotkernmehl
Kabeljau
Kaffee
Kaffeeweißer
Kakao
Kaki-Pflaume
Kaktusfeige
Kalmus
Kamille

Kaninchen Fleisch
Kaninchen Leber
Kapern (eingelegt)
Kapuzinerkresse
Karambole/Sternfrucht
Karausche
Kardamom
Karotte (Frühkarotte)
Karotte (Mohrrübe, Möhre)
Karottensaft ohne Zucker
Karpfen
Kartoffel
Kartoffel (mehlige)
Kartoffelmehl
Käsepappeltee
Kastanien (Maronen)
Kaviar
Kefir
Kerbel
Kerbel getrocknet
Kichererbsen
Kirsche
Kirsche (sauer)
Kiwi
Klementine
Klettenwurzeltee
Knäckebrot
Knoblauch
Kohlrabi
Kohlrübe
Kokosfett
Kokosflocken
Kokosmilch
Kokosnussfleisch
Kokosraspeln
Kombualge
Kopfsalat
Koriander
Koriandergrün
Korinthen (rot)
Korinthen (schwarz)
Krabbe
Krake
Kräuter bittere
Kräuter der Provence
Kräuter verschiedene
Kräuter Wildkräuter
Kräuterteemischung
Kresse
Kuhmilch (1,5 % Fett)
Kukichatee
Kümmel
Kümmel gemahlen
Kumquat

Kürbis
Kürbiskerne
Kürbiskernöl
Kurkuma (Gelbwurz)
Kuzu
Lachs
Lamm Fleisch
Lamm Knochen
Lamm Leber
Lamm Nieren
Lamm Schulter
Languste
Lauch (Porree)
Lauchzwiebel Schnittlauch
Laugengebäck
Lavendelblüten
Leberglättertee
Leinöl
Leinsamen
Leinsamen (geschrotet)
Liebstöckel
Liebstöckelsamen
Limabohnen
Lindenblütentee
Linsen (Helmbohnen)
Linsen gelb
Linsen rot
Linsen schwarz
Löffelbiskuit
Longane
Loquate/Japanische Mispel
Lorbeerblatt
Lotossamen
Lotoswurzeln
Löwenzahn (junger)
Löwenzahnsaft
Löwenzahnwurzeltee
Luohan-Frucht
Lychee
Lychee (Konserve)
Magermilchpulver
Mais
Mais (geröstet)
Mais (Schnellpolenta)
Mais Gries (Polenta)
Mais Mehl (Maizena)
Maishaartee
Maiskeimöl
Maisstärke
Majoran
Makannastern Samen
Makrele
Malventee
Malz

Mandarine
Mandelmilch
Mandelmus
Mandeln
Mandeln Marzipan
Mango
Mangold
Mangopulver
Maniokmehl
Margarine
Margarine (Diät)
Marillen
Maulbeerfrucht
Mayonnaise 50%
Mayonnaise 80%
Meeräsche
Meereskrebs
Mehrkornbrot (Graubrot)
Melisse
Miesmuscheln
Mineralwasser
Mirabelle
Miso
Miso schwarz (fermentiert)
Mispel
Mittelmeerfisch (Kabeljau, Scholle, Schellfisch, Seeaal, Makrele)
Mixed Pickels
Mohn
Molke
Moosbeere
Morchel (schwarz, getrocknet)
Mozzarella
Mu-Erh-Pilz
Mungbohne
Mungbohnensprossen
Muskatnuss
Müsli
Nachtkerzenöl
Nektarine
Nelke
Nierenbohnen (rote)
Nori, Purpurtang, Rotalge
Nudeln (Vollkorn) mit Ei
Nudeln (Weizen) mit Ei
Nudeln (Weizen, Bandnudeln) mit Ei
Nudeln (Weizen, Lasagneblätter) mit Ei
Nudeln (Weizen, Spagetti) mit Ei
Odermennig
Okra
Oliven
Oliven grün
Olivenöl
Orange

Orange abgeriebene Schale
Orange getrocknete Schale
Orange Schale
Orangenblüten
Orangenmarmelade
Oregano frisch
Oregano getrocknet
Palmöl
Papaya
Paprika
Paprika (Rosenpaprikapulver)
Paprika (süß)
Paranuss
Parmesan
Passionsblumenblütentee
Passionsfrucht (Maracuja)
Pastinake
Peperoni
Peperoni, gelb, entkernt, halbiert
Peperoni, rot, entkernt, halbiert
Petersilie
Petersilienwurzel
Pfeffer Cayenne
Pfeffer Körner
Pfeffer weiss (gemahlen)
Pfefferminze
Pfefferminztee
Pfeilwurzelmehl
Pferd Fleisch
Pfifferlinge/Eierschwammerl
Pfirsich
Pfirsich (Dose)
Pflaume
Pflaume getrocknet
Piment
Pinienkerne
Pintobohnen gesprenkelt
Pistazien
Preiselbeere
Preiselbeermarmelade
Preiselbeersaft
Puddingpulver Vanille
Pumpernickel
Pute Brustfleisch
Pute Schinken
Qualle
Quargel 20%
Quinoa
Quitte
Radicchio
Radieschen
Rapsöl
Reh Fleisch
Reineclaude

Reis Basmatireis
Reis Duftreis
Reis Gaoliangreis (Sorghum)
Reis Klebreis
Reis Langkornreis
Reis Reisschleim
Reis Roter
Reis Rundkornreis
Reis Schwarzer
Reis Sorte beliebig
Reis Süßer
Reis Vollkorn
Reis Wilder (Naturreis)
Reishi
Reismalz
Reismehl
Reisnudeln
Reisstärke
Rettich (weiß, grün, lila-rot)
Rettich Meerrettich (Kren)
Rettich schwarz
Rettichblätter (vom Wochenmarkt)
Rhabarber
Rind (Kalb)
Rind Filet
Rind Fleisch
Rind Fleischknochen
Rind Herz
Rind Herz (Kalb)
Rind Knochenmark
Rind Leber
Rind Lunge (Kalb)
Rind Magen
Rind Niere
Rind Ochsenschwanzstücke
Rind Suppenfleisch
Roggen
Roggen Vollkornbrot
Roggenmehl
Römersalat/Lattich-Salat
Rosenblättertee
Rosenblütentee
Rosenkohl
Rosinen
Rosmarin
Rotbarsch
Rote Grütze (ohne Zucker)
Rote Rübe
Rotkohl
Rotwein
Safran
Sago (Getreide)
Sahne 10% Kaffeesahne
Sahne sauer 10%

Sahne sauer 20%
Sake
Salbei
Sanddorn
Sardellen/Sardine
Saubohnen (Dicke Bohnen)
Sauerampfer
Sauerkirsche
Sauerkraut
Sauerteig
Schaffleisch
Schafgarbe
Schafgarbentee
Schafmilch Joghurt
Schafskäse
Schafsmilch
Schimmelkäse
Schlehdorn
Schmelzkäse 12%
Schmelzkäse 30%
Schnecke
Schokolade
Schokolade (Diabetiker)
Scholle
Schwarzaugenbohnen
Schwarze Bohnen
Schwarzer Fungu Pilz
Schwarzkümmel
Schwarztee
Schwarzwurzel
Schwedenkraut (Schwedenbitter)
Schwein Blut
Schwein Bratwurst
Schwein Darm
Schwein Fett
Schwein Fleisch
Schwein Haut
Schwein Haxe (Eisbein)
Schwein Herz
Schwein Hirn
Schwein Leber
Schwein Lunge
Schwein Magen
Schwein Markknochen
(Röhrenknochen)
Schwein Mettwurst
Schwein Nieren
Schwein Schinken
Schwein Schinken gekocht
Schwein Schinken geselcht
Schwein Schinkenspeck
Schwein Schmalz
Seegurke
Sellerie Knolle

Sellerie Stangensellerie
Senf
Senf Dijon
Senf mittelscharf
Senf süß
Senfsamen
Sesam Paste (Tahini)
Sesam, Schwarzer
Sesam, Weißer
Sesamöl
Sesamöl geröstet
Shiitake, getrocknet
Shrimps
Silbermorchel, getrocknet
Soja Cuisine (Soja-Sahne)
Soja Tofu
Soja Tofu geräuchert
Sojabohne
Sojabohnen, Gelbe
Sojabohnen, Schwarze
Sojabohnen, Schwarze, fermentiert
Sojabohnenmilch
Sojacreme
Sojamehl
Soja-Nudeln
Sojaöl
Sojapaste (Miso)
Sojasauce
Sonnenblumenkerne
Sonnenblumenöl
Spargel (grün oder weiß)
Speiserüben
Spinat
Spitzwegerichtee
Stachelbeere
Stangenbohnen (Fisolen)
Steinpilz/Herrenpilz
Sternanis
Stevia (Süßkraut)
Stutenmilch
Süßholzwurzeltee
Süßkartoffel
Süßwasserfisch
Süßwasserkrebs
Tabasco
Taube
Taube Ei
Teemischung Harnsäuresenkend
Thunfisch
Thymian
Thymian getrocknet
Tintenfisch
Toastbrot (Vollkorn)
Tomate

Tomate getrocknet
Tomatenmark
Tomatenpüre
Tomatensaft
Tonicwasser
Topfen (Quark) 20%
Topfen (Quark) 40%
Trauben rot
Trauben weiß
Traubenkernöl
Trüffel
Tsampa (geröstetes Gerstenmehl)
Umeboshipaste
Umeboshipflaumen (Japanaprikosen)
Vanille
Vanillepulver
Vanilleschote
Vanillezucker natur
Vogelmiere
Vogerlsalat (Pflücksalat)
Vollkornbrot
Vollkornbrot mit ganzen Körner
Vollkornmehl
Wacholderbeere
Wachskürbis
Wachtel
Wachtel Ei
Wakame
Walderdbeeren
Walnussöl
Wasser
Wasser heiss
Wassermelone
Weißbrot (Weizenbrot)
Weißbrot Baguette
Weißbrot Brösel (Weizenbrot)
Weißbrot Knödelbrot (Weizenbrot)
Weißbrot Salzstangerl
Weißbrot Semmel
Weißdorn
Weiße Bohnen
Weißfischchen
Weißkohl/Weißkraut
Weißwurz
Weizen
Weizen Bulgurweizen
Weizen Fladenbrot
Weizen Flocken
Weizen Gras Pulver
Weizen Gries
Weizen Gries - Kindergries
Weizen Mehl
Weizen Mehl Vollkorn
Weizen/Roggen Grau- Schwarzbrot mit

Hefe
Weizengrassaft
Weizenkeimöl
Weizenkleie
Wermutkraut
Wildkräuter
Wildschwein Fleisch
Wirsing/Grünkohl
Yamswurzel, Yamswurzelknolle
Yogitee
Ysop
Ziege
Ziegen- und Schafsblut
Ziegen- und Schafshirn
Ziegen- und Schafsleber
Ziegen- und Schafsmagen
Ziegen- und Schafsmilch
Ziegenkäse
Zimtpulver

Zimtstange
Zitrone
Zitrone Saft
Zitrone Schale
Zitrone, Limette
Zitronengras
Zitronenmelisse (frisch)
Zitronenmelisse (getrocknet)
Zucchini
Zucker Fructose Fruchtzucker
Zucker Glukose Traubenzucker
Zucker Milchzucker
Zuckerersatz (Süßstoff)
Zwetschken
Zwieback
Zwiebel Frühlingszwiebel
Zwiebel rot
Zwiebel Schalotte
Zwiebel weiss

4.3   Zutaten verwenden: wenig

Aal geräuchert
Ananas (aus der Dose)
Bier (Altbier)
Bier (Pils)
Bitterlikör
Campari
Colagetränk (kalorienarm)
Fernet Branca (Kräuterbitterlikör)
Ginsenglikör
Honigwein (Met)
Lycheelikör
Malzbier

Martini
Prosecco
Rum
Salz
Salz Kräutersalz
Schnaps
Sherry
Weißwein
Weizen Bier
Wermut

5 Komplementär

5.1 Dekokt (Abkochung)

5.1.1 Ginsengwurzel

Löscht Durst, beruhigt Nerven, baut Gehirn auf, wirkt anregend und stimulierend, fördert die Sekretion, verbessert die Immunreaktion, reguliert den Blutdruck und den Blutzucker.
5-10 g in einer Dosis morgens auf leeren Magen trinken
Den Sud in einem Topf 30-60 Minuten kochen. Für eine Tinktur 50-60 g hochwertigen Ginseng in 1 Liter Alkohol 2-4 Monate ziehen lassen, dann 25-30 ml 1- oder 2-mal täglich auf leeren Magen einnehmen.
Im Tierversuch mit Aflatoxin-verursachtem Krebs zeigen Tiere die Ginseng bekamen eine um 75% geringere Wahrscheinlichkeit an Leberkrebs und eine um 29% geringere Wahrscheinlichkeit an Lungenkrebs zu erkranken als Tiere die kein Ginseng bekamen.
Mehrfach bewies Ginseng im Tierversuch günstige Wirkung auf Lungenkrebs. Ginseng zeigte sich außerdem aktiv gegen in Tiere implantierte menschlicher Eierstockkrebszellen und schützte Mäuse vor Leberkrebs.

Laut einer koreanischen Studie mit 1987 Teilnehmern konnte die regelmäßige Einnahme von Panax-Ginseng das Krebsrisiko abhängig von der Krebsart halbieren (wobei sich jedoch leider kein solcher Zusammenhang bei Brustkrebs, Gebärmutterhalskrebs, Blasenkrebs und Schilddrüsenkrebs zeigte). Menschen die ein Jahr lang Ginseng zu sich genommen hatten, besaßen ein um 36% geringeres Krebsrisiko. Bei 5-jähriger Einnahme war die Krebsrate sogar um 69% geringer.

Wie man sieht, können sowohl gesunde als auch von Krebs betroffene Menschen von Ginseng profitieren, wobei die Kosten jedoch einen nicht unerheblichen Faktor darstellen. Dazu kommt, dass die recht uneinheitlichen Standards für Reinheit und Stärke vom Konsumenten etwas Recherche einfordern.
Nicht verwenden: zusammen mit Rettich und Tee, Erkältungen, Pneumonie oder anderen Lungeninfektionen, Unverträglichkeit mit: Eisen oder anderen Metallbestandteilen, Amethyst, Milchprodukten.

5.1.2 Wacholderbeeren

Fördert Verdauung. Gut gegen Appetitlosigkeit, Müdigkeit, Rheuma, Gicht, Abwehrschwäche, Reizblase. Harnregulierend.
2 Teelöffel des Tees mit 250 ml kochendem Wasser übergießen und 10 Minuten ziehen lassen. Danach absieben. Nach Bedarf 2 bis 3 Tassen pro Tag trinken.
Verwendung: Tee, würzen
.
Überdosierung meiden, Schwangere und akuten Nierenkranke sollten verzichten. Bei äußerlicher Einwirkung kann es zu einer Entzündung der Haut mit Blasenbildung kommen.

5.2 Fertiggetränk

5.2.1 Aronia (Apfelbeeren)

Gegen freie Radikale. Aufgrund des hohen Flavonoid-, Folsäure, Vitamin-K- und Vitamin-C-Gehalts zählt die Aronia zu den Heilpflanzen. Die Aronia sind im Fachhandel als getrocknete Beeren, als Saftkonzentrat, als Tee und als Getränk erhältlich.
1-2 Glas pro Tag
Aufgrund des hohen Flavonoid-, Folsäure, Vitamin-K- und Vitamin-C-Gehalts zählt die Aronia zu den Heilpflanzen. Die Aronia sind im Fachhandel als getrocknete Beeren, als Saftkonzentrat, als Tee und als Getränk erhältlich.

5.3 Heil-Tee (Aufguss)

5.3.1 Andorn

Anregend auf die Luft- und Verdauungswege, blutbildend, entzündungshemmend,
2 Teelöffel des Tees mit 250 ml kochendem Wasser übergießen und 10 Minuten ziehen lassen. Danach absieben. Nach Bedarf 2 bis 3 Tassen pro Tag trinken.
Äußerlich kann man Andorn-Tee oder verdünnte Tinktur in Form von Umschlägen, Bädern oder Waschungen anwenden. Mit dieser Art der Anwendung kann man Ekzeme lindern. Andorn hilft äußerlich eingesetzt auch gegen Geschwüre und andere Wunden, die nicht heilen wollen. Nicht während der Schwangerschaft, in der Stillperiode oder von Personen mit Herzerkrankungen verwenden.

5.3.2 Cannabis

Hohe Effizienz bei der Bekämpfung von Chemotherapie bedingten Nebenwirkungen. Schmerzlindernd.

Ein unverständlicherweise immer noch leicht kontroverses Thema ist die Anwendung des vergleichsweise mild wirkenden Marihuanas bei Krebs, besonders wenn man sich mal Folgen und Umfang des alltäglichen klinischen Einsatzes von Morphium -einer dem Heroin verwandten Substanz- vor Augen führt. Marihuana zeigte im Tierversuch direkt tumorhemmende und Lebensverlängernde Wirkung. Außerdem unterdrückt der im Cannabis enthaltene Wirkstoff Delta-9-Tetrahydrocannabinol (THC) offenbar die Reproduktion von Gamma-Herpesviren, welche im Verdacht stehen Krebs auszulösen. Das Haupteinsatzgebiet von Cannabis bei Krebs ergibt sich allerdings aus seiner hohen Effizienz bei der Bekämpfung von Chemotherapie bedingten Nebenwirkungen. In der Vergangenheit wurden zwar eine Reihe von Medikamenten -in der Regel Phenothiazine und Butyrophenone- entwickelt welche diese Nebenwirkungen, üblicherweise Übelkeit und Erbrechen, mehr oder weniger erfolgreich unterdrücken sollten, jedoch scheint nach Aussage von Wissenschaftlern die Wirkung von Cannabis diesen Substanzen klar überlegen zu sein, wobei es jedoch manchmal Dosierungen bedarf, die einen Einfluss auf das Zentralnervensystems möglich erscheinen lassen, d.h. es kann zu einem leichten Rausch kommen. In einer randomisierten Doppelblindstudie wurde 23 Kindern in Chemotherapie das synthetische Cannabinoid 'Nabilon' als Mittel gegen ihre Chemotherapie bedingten Nebenwirkungen verabreicht. 18 von ihnen schlossen die Studie erfolgreich ab. Sie litten dabei alle unter weniger Übelkeit und Erbrechen als die Kinder der Kontrollgruppe. Bei 2/3 von ihnen zeigte sich außerdem Nabilon vergleichbaren Mitteln gegenüber als überlegen. Nebenwirkung waren Schläfrigkeit und Benommenheit.

Es kann zu einem leichten Rausch kommen. Die Resorption anderer, gleichzeitig eingenommener Arzneimittel kann verlangsamt oder behindert werden. bei Überdosierung: Übelkeit, Erbrechen, Diarrhöe, Gereiztheit.

5.3.3 Frauenmantel

Aufgrund seines hohen Gerbstoffgehaltes und seiner adstringierenden Wirkung besitzt der Frauenmantel entzündungshemmende und wundheilende Eigenschaften.

2 Teelöffel getrockneter Tee mit 150 ml siedendem Wasser übergießen. 10 Minuten ziehen lassen und abseihen.

Für einen Tee verwendet man ca. 2 Teelöffel getrocknetes

Frauenmantelkraut und übergießt es mit 150 ml siedendem Wasser. Den Aufguss lässt man 10 Minuten ziehen und seiht ihn dann ab. Den Tee immer frisch zubereiten und trinken. Bei Beschwerden kann der Tee drei- bis fünfmal am Tag getrunken werden. Bei Durchfallerkrankungen sollte auf Zucker im Tee verzichtet werden, da dieser den Durchfall verstärken kann. Frauenmantelkraut ist in der Regel gut verträglich und kann daher über einen längeren Zeitraum verwendet werden.
Eine japanische Studie ergab, dass die Gerbstoffe (Ellagitannine) sogar tumorhemmend wirken können, regelmäßig angewendet kann der Frauenmantel somit gegen weibliche Krebserkrankungen vorbeugen.

5.3.4 Hiobsträne Samen

Reduziert Fieber, beugt Krebs vor.
10-30 g

5.3.5 Rooibos

Antioxidativ, entzündungshemmend, krebshemmend, schützt durch enthaltene Flavonoide, positive Wirkung auch auf Alzheimer, Arteriosklerose. Antiallergisch, hemmt die Histaminausschüttung. Antibakteriell, antiviral, antifungal, entgiftend (basisch).
3-4 Teelöffel Rooibos mit einem Liter kochendem Wasser überbrühen und 6-10 Min. ziehen lassen. Bei weichem Wasser benötigen Sie weniger Tee für die Zubereitung, bei härterem Wasser empfehlen wir eine höhere Dosierung.

5.3.6 Wermut

Gut gegen Appetitlosigkeit, Verdauungschwäche, Magenkrämpfe, Blähungen, Gastritis, Erschöpfung, Reizbarkeit, Medikamenten- und Nahrungsmittelunverträglichkeit, Fieber, Grippale Infekte, Parasiten.
1 TL auf 1/2l Wasser
Wermut - Wird nicht nur verwendet, um Würmer zu eliminieren; er ist außerdem eine höchst wirksame Leber- und Verdauungshilfe. Er ist auch dabei behilflich, Blockaden zu entfernen, die eine träge Menstruation erzeugen. Es ist immer am Besten, dieses Kräutermittel in Verbindung mit anderen Kräutern einzunehmen.
Medizinische Anwendungen: Blutarmut, Arthritis, Blähungen, Kreislauf, Erkältungen, Verstopfung, Depression, Ödeme, Ohrenschmerzen, Fieber, Frauenleiden, Winde, Gallenblase, Gallensteine, Gicht, Herzbrennen, Hepatitis, Gelbsucht, Nierenleiden, morgendliche Übelkeit, Übelkeit, Fettleibigkeit, Parasiten, Rheumatismus, Magenleiden, Würmer.
Eigenschaften: Abortiv wirkend, alterativ, Appetit fördernd, Wurmmittel, antibiotisch, Anti-Depressionsmittel, entzündungshemmend,

fiebersenkend, antiseptisch, aromatisch, Bittertonikum, Mittel gegen Blähungen, galletreibend, verdauungsfördernd, Eintritt der Monatsblutung förderndes Mittel, magenstärkend, Wurmmittel.
Nicht in der Schwangerschaft verwenden. Es ist immer am Besten, dieses Kräutermittel in Verbindung mit anderen Kräutern einzunehmen.

5.4 Kapseln

5.4.1 Amerikanischer Ginseng

Reduzierung von Müdigkeit und Stress, Kräftigung und Stimulierung des Immunsystems, Steigerung der Vitalität (sowohl physisch als auch psychologisch), Verbesserung die Blutzirkulation. Regulierung der Zucker- und Cholesterinwerte im Körper.
3-6 g p. Tag, nicht länger als 3 Monate
Reduzierung von Müdigkeit und Stress, Kräftigung und Stimulierung des Immunsystems, Steigerung der Vitalität (sowohl physisch als auch psychologisch), Verbesserung die Blutzirkulation. Regulierung der Zucker- und Cholesterinwerte im Körper, Verbesserung die Schlafqualität, Reduzierung von "Hitzewallungen" und nächtlichen Schweißausbrüchen. Senkung des Blutdrucks, Agiert entzündungshemmend und hilft bei der Reduzierung von Fieber.
Prävention von diversen Krebsarten
Nicht Tee und Rettich zusammen verwenden. Nicht zu empfehlen bei: Fieber, Entzündungen, Bluthochdruck, Schlaflosigkeit

5.4.2 Holunderschwamm, Chinesische Morchel, Mu Err

Ähnlich entzündungshemmender Effekt wie Aspirin, diesem gegenüber jedoch die klaren Vorteile, weder die Blutgefäße zu beschädigen noch die Produktion der Magenschleimhaut zu hemmen. Er wirkt befeuchtend auf die Schleimhäute.
Der Mineralstoff- und Spurenelementanteil beträgt ca.5,4% des getrockneten Pilzes. Davon ist ca. ein Drittel Kalium, gefolgt von Kalzium, Natrium, Silizium, Magnesium und Phosphor. An Vitaminen ist momentan nur Vitamin B1 zu nennen. Der Pilz enthält reichlich ß-D-Glucane, Polysaccharide, Glykoproteine und Aminosäuren.

5.5 Komplementäre Anwendung

5.5.1 Apitherapie

Die Heilwirkung von Honig, Propolis, Blütenpollen, Gelee Royale und Bienengift: Propolis hat starke antibakteriellen, pilzhemmende und antiallergischen Eigenschaften und unterstützt dadurch jeden Heilungsprozess.

Das Heilen mit Bienenprodukten ist eine der ältesten Therapieverfahren. Die Heilwirkung von Honig, Propolis, Blütenpollen, Gelee Royale und Bienengift sind lange bekannt. Propolis hat starke antibakteriellen, pilzhemmende und antiallergischen Eigenschaften und unterstützt dadurch jeden Heilungsprozess. Blütenpollen ist aufgrund seines Reichtums an essentiellen Aminosäuren, sekundären Pflanzenstoffen (u. a. Flavonoide), organisch gebundenen Mineralstoffen und Vitaminen ein wichtiges Mittel zur Stärkung der Abwehrkräfte. Das Wachstum von Krebszellen (Neuroblastom) könnte gehemmt werden. Der Wirkstoff Artepillin C soll die Bildung neuer Blutgefäße im Tumor hemmen, was zum Aushungern und damit zur Schrumpfung führen kann. Heute weiß man, dass die Entstehung bestimmter Krebsarten im Zusammenhang mit Viren steht. In dem Propolis seine antivirale Wirkung entfaltet, kann eine krebsvorbeugende und krebshemmende Wirkung entstehen.

5.5.2 Ayur Veda

Ayurveda ist eine Kombination aus empirischer Naturlehre und Philosophie, welche die Ausgewogenheit des Körpers anstrebt.

Ayurveda hat einen ganzheitlichen Anspruch, da der ganze Mensch mit einbezogen wird. Es werden pflanzliche Heilmittel verabreicht, welche eingenommen oder aufgetragen werden. Dadurch werden Organe gestärkt oder eine Entgiftung/Entschlackung angeregt.

Speziell bei Krebs wird das Ungleichgewicht verschiedener Elemente beschrieben und behandelt. Die Methoden der Schulmedizin mit Chirurgie, Strahlentherapien und andere Behandlungsmethoden ähneln denen der Ayurveda in vielen Punkten.

5.5.3 Heilfasten

Das Fasten zählt zu den ältesten Heilmethoden. Entgiftet und baut Immunsystem auf.

Das Fasten zählt zu den ältesten Heilmethoden. In aktuellen Untersuchungen hat sich gezeigt, dass Heilfasten konkret gegen Krebszellen vorgeht und daher eine wichtige Komponente in einer ganzheitlichen Krebstherapie darstellen kann. Es gibt schon seit vielen Jahren mehrere Kliniken, welche die Krebstherapie mit Fastenkuren verbinden und gute Erfolge haben. Die Methode wurde vor mehr als 60 Jahren bereits in Russland angewendet. Da Krebszellen meistens einen sehr hohen Stoffwechsel haben und daher auch viel Energie benötigen, werden beim Fasten auch die Entwicklung gebremst. Grundsätzlich wird beim Fasten auch der Körper von Abfallstoffen gereinigt und dadurch das Immunsystem gestärkt. Die Erfolgsaussichten sind bei den verschiedenen Krebsarten unterschiedlich.

Die Methode des Heilfastens beruht auf der Philosophie, dass durch das Fasten besonders die Krebszellen geschwächt werden. Ich halte diese Methode nur unter ärztlicher Aufsicht durchführbar. Wenn ein Körper während eines Heilungsprozesses massiv geschwächt wird kann es zu massiven Beeinträchtigungen bei der Wundheilung kommen.

5.5.4 Hyperthermie

Künstlich erzeugte Temperaturerhöhung in Organen.

Die künstlich erzeugte Temperaturerhöhung (Therapeutische Hyperthermie oder Onkothermie) wird zur Behandlung einiger Krebserkrankungen angewendet. Dabei werden entweder der gesamte Körper oder einzelne Bereiche des Körpers durch Wärmestrahlung erwärmt (Mikro- oder Radiowellen, bzw. durch Infrarotstrahler). Sie wird meistens mit Strahlen- oder Chemotherapie kombiniert. In der Behandlung von Krebserkrankungen wird sie vor allem dann eingesetzt, wenn andere Verfahren (Operation, Strahlentherapie, Chemotherapie) keinen ausreichenden Erfolg mehr versprechen, das heißt, wenn die Patienten austherapiert sind. Interesse ist dabei allgemeine Leistungssteigerung und die Steigerung der Immunabwehr welches als Ergänzung von Krebstherapien hilfreich ist. Computergesteuert werden Radiowellen in Tumorbereiche gebündelt, und es erfolgt eine Erwärmung auf 42 bis maximal 44 °C. Die Temperatur wird für ca. 60 bis 90 Minuten aufrechterhalten. Es wurde festgestellt, dass die Zytostatika bei einer Chemotherapie bei Temperaturen über 40 °C deutlich aggressiver wirken als bei normaler Körpertemperatur. Durch Überhitzung geschädigte Tumorzellen können leichter durch eine Strahlentherapie bekämpft werden, weil ihre Reparaturfähigkeiten herabgesetzt sind.

Untersuchungen haben weiterhin ergeben, dass Krebszellen bei einer Erwärmung auf ca. 42 °C im Gegensatz zu gesundem Gewebe besonders geartete Eiweißstrukturen auf ihrer Oberfläche bilden. Diese Eiweißstrukturen (Hitzeschockproteine), werden meistens vom Abwehrsystem als körperfremd erkannt, so dass die Krebszellen vom Abwehrsystem des Körpers zerstört werden können. Bei Temperaturen bis 46 °C innerhalb des Tumors kann die Wirkung einer gleichzeitig angewandten Strahlen- oder Chemotherapie verstärkt werden. Die Wärme beeinträchtigt aber auch Proteine, die dafür verantwortlich sind, dass chemoresistente Tumorzellen die für Diese schädlichen Zytostatika aus den Zellen wieder herausschleusen können. Fallen diese Ausschleusesysteme durch Wärmeeinwirkung aus, sterben selbst chemoresistente Tumorzellen, weil die Wirkstoffe weiterhin in den Zellen verbleiben.

5.5.5 Klangschalentherapie

Durch Klangwellen, die beim Anschlagen einer Klangschale entstehen, lernen die Betroffenen, sich wieder zu entspannen.
Viele Krebs-Patienten leiden vor allem psychisch unter ihrer Erkrankung. Sie können sich nicht mehr richtig entspannen und haben große Angst. Ihnen kann die Klangschalentherapie helfen. Durch Klangwellen, die beim Anschlagen einer Klangschale entstehen, lernen die Betroffenen, sich wieder zu entspannen. Durch die tiefe Entspannung können aber auch Entscheidungen oder Erkenntnisse besser wahrgenommen werden welche einer erfolgreichen Krebstherapie helfen. Die Therapeuten können zu speziellen Fragestellungen motivieren und dann die Patienten in die Entspannung führen. Im Zustand dieser tiefen Entspannung können die Gedanken dann um so ein Thema kreisen gelassen werden und so eine Verarbeitung von Erfahrungen leichter bewältigt werden.

5.5.6 Lichttherapie

Lichttherapie ist eine komplementäre und schonende Behandlung gegen saisonale Depressionen.
Heute gibt es mit der Lichttherapie, ein komplementäre und schonende Behandlung gegen saisonale Depressionen. Die meisten Patienten fühlen sich bereits nach wenigen Anwendungen wesentlich besser und ein überwältigend hoher Prozentsatz kann sogar dauerhaft vom sogenannten SAD-Syndrom (Erschöpfungssyndrom) geheilt werden. Speziell bei chronischen Erkrankungen können die positiven Wirkungen auf die Psyche stimulieren und so einen Heilerfolg unterstützen.
Eine punktuelle Lichttherapie kann bei Hautkrebs oder im Bereich von Mund und Rachentumoren eingesetzt werden. Dabei wird zunächst eine lichtempfindliche Substanz verabreicht und danach mit speziellen Lichtfrequenzen bestrahlt. Bei der Bestrahlung bilden sich aus den lichtempfindlichen Substanzen aggressive Sauerstoff Moleküle, welche die Tumorzellen direkt abtöten oder zum Verschluss von Blutgefäßen führen, wodurch ebenfalls Tumorzellen abgetötet werden. Das gesunde Gewebe in der Umgebung wird weitestgehend geschont.

5.5.7 Lymphdrainage

Die Manuelle Lymphdrainage ist eine Therapieform der physikalischen Anwendungen.

Die Manuelle Lymphdrainage ist eine Therapieform der physikalischen Anwendungen. Die Therapeuten sind vornehmlich Masseure, Krankengymnasten und Physiotherapeuten. Die Anwendung ist nur dem Fachpersonal mit der entsprechenden Zusatzausbildung in manueller Lymphdrainage an einem zugelassenen Lehrinstitut erlaubt. Die Wirkungsweise der manuellen Lymphdrainage ist breit gefächert. So dient sie hauptsächlich als Ödem- und Entstauungs-Therapie geschwollener Körperregionen, wie Körperstamm und Extremitäten (Arme und Beine). Durch kreisförmige Verschiebetechniken, welche mit leichtem Druck angewandt werden, wird die Flüssigkeit aus dem Gewebe in das Lymphgefäßsystem verschoben. Die Manuelle Lymphdrainage wirkt sich überwiegend auf den Haut- und Unterhautbereich aus und soll keine Mehrdurchblutung, wie in der klassischen Massage, bewirken. Auch in der Schmerzbekämpfung, wie auch vor und nach Operationen tut sie gute Dienste, das geschwollene, mit Zellflüssigkeit überladene Gewebe zu entstauen. Der Patient spürt eine deutliche Erleichterung, Schmerzmittelgaben können verringert werden, der Heilungsprozess verläuft schneller. Kontraindikationen (Gegenanzeigen) sind hierbei genauestens zu beachten.

Bei manchen Krebsarten wird von einer Lymphdrainage unmittelbar nach Operationen abgeraten, da unter Umständen Krebszellen so weiter verbreitet werden und Metastasen bilden könnten.

5.5.8 Selbsthilfegruppen

Die meisten Mitglieder von Selbsthilfegruppen haben die Erfahrung gemacht, die Belastungen der Erkrankung besser zu bewältigen.

Die meisten Mitglieder von Selbsthilfegruppen haben die Erfahrung gemacht, die Belastungen der Erkrankung besser zu bewältigen. Durch den Erfahrungsaustausch werden die für den jeweiligen Krankheitsverlauf besten Möglichkeiten der Mithilfe bei der Therapie erkannt. Durch die Eingliederung in eine Gemeinschaft wird auch der Zustand der Einsamkeit in seiner Situation bewältigt. Speziell bei der Lösungsfindung zu einzelnen Situationen können selbst Betroffene viel glaubwürdiger ihr Fachwissen vermitteln, als Personen, welche die Methoden lediglich theoretisch gelernt haben. Die Mitglieder können außerdem meistens besser mit Ärzten und Therapeuten sprechen, weil die Themen bereits in den Gruppen besprochen wurden. Außerdem gelingt den Selbsthilfegruppen oft kritische und innovative Impulse auszudrücken, welche zur Veränderung und zum Umdenken im professionellen Bereich beitragen. In Selbsthilfegruppen wird Fachwissen zusammengetragen und durch Erfahrungen der einzelne Betroffenen ergänzt. So entsteht ein ganzheitliches Wissen, das die Mitglieder befähigt, Entscheidungen fundiert zu treffen und in unüberschaubaren System der Therapieangebote professionelle Dienste sinnvoll zu nutzen. Patienten, die in der Selbsthilfe engagiert sind, haben oft kürzere Klinikaufenthalte, weniger Therapiestunden und einen geringeren Medikamentenverbrauch.

5.6 Speisezugabe

5.6.1 Gelbwurz (Kurkuma)

Fördert die Entleerung der Gallenwege, gut gegen Magen-Darmbeschwerden. Antioxidativ, antiviral, antibakteriell und entzündungshemmend.
Für eine tägliche, dauerhafte Einnahme, kann Kurkuma zu Kartoffelpüree, Milchspeisen, Suppen oder Soßen beigemengt werden.
Wirkstoffe: äth. Öl, Bitterstoffe, Curcumin, Stärke

Gelbwurz oder Tumeric - Hat beeindruckende Erfolge bei der Behandlung von Karzinogenen und Mutagenen bei Labortieren erzielt. Konzentrierter Gelbwurz zeigte ein Vermehrung der Glutathion S-Transferase-Enzyme, die für das Leben und die Leberentgiftung von wesentlicher Bedeutung sind.
Medizinische Anwendungen: Amenorrhoea, Blutarmut, Arthritis, Asthma, Blutgerinnsel, Krebs, Candida, Katarrh, aufbauend, Husten, Ruhr, Dysmenorrhöe, Ekzeme, Winde, Gallenblasen-Erkrankungen, Gallensteine, Gastritis, Herzleiden, Hepatitis, zu hohem Cholesterinspiegel, Verdauungsstörungen, reizbarem Darm, Gelbsucht, Leberentgiftung, Schutz der Leber, Übelkeit, Fettleibigkeit, Rachenkatarrh, Hautkrankheiten, einschließlich parasitischer Hautinfektionen, Traumata, Harnwegskrankheiten, Tumore an der Gebärmutter.
Eigenschaften: Alterativ, schmerzlindernd, antibiotisch, anti-koagulant (hemmt Blutgerinnung) antifungal, entzündungshemmend, antioxidierend, antiseptisch, aromatisch, adstringierend, galletreibend, kreislaufanregend, verdauungsfördernd, den Eintritt der Monatsblutung förderndes Mittel, leberstärkend, Stimulans, unterstützt die Wundheilung. Bei Verschluss der Gallenwege oder Gallensteinen sollte man auf Kurkuma verzichten.

5.6.2 Lauchzwiebel, Schnittlauch

Bakterizid, beugt Krebs vor, stärkt Magensaftproduktion, fördert Verdauung und Durchblutung, fördert das Wachstum.
3-10 g
Nicht zusammen mit Honig verwenden.

5.6.3 Stevia (Süßkraut)

Süßstoff für Diabetiker oder für Gewichtsreduktion. Blutdrucksenkende, antimikrobielle, gefäßerweiternde Wirkung.
Achtung - mit Ihrem Arzt oder Therapeuten absprechen.
Als Süßstoff, getrocknet oder frisch.
In einigen Studien wurden fruchtschädigende und mutagene Wirkungen in Hamstern und Ratten beschrieben, außerdem eine Mutagenität in vitro.
In der EU als Lebensmittel nicht zugelassen. Stevia-Anhänger wittern dahinter eine Verschwörung der Zuckerlobby und Voreingenommenheit der EU-Kommission. Schließlich wird Steviosid in Asien seit Jahrzehnten als Süßstoff verwendet – bisher ohne negative Folgen.
Die der WHO vorliegenden Studien bezüglich der Auswirkungen von Steviol in vivo haben keine Hinweise auf mutagene Wirkungen am Menschen ergeben. Nur auf eigene Gefahr.

5.7 Verschiedene Möglichkeiten

5.7.1 Affenkopfpilz, Yamabushitake

Der Pilz enthält 8 freie essenzielle Aminosäuren. Er hat ein günstiges Kalium-Natriumverhältnis, liefert Phosphor und ist gehaltvoll an Spurenelementen Zink, Selen, Eisen und Germanium. Regeneriert und reguliert das Nervensystem.
Dieser Pilz wird durch seinen hohen Gehalt an Lektinen und anderen Substanzen, die ihn vor Fraßfeinden schützen sollen, von ca. 1/3 der Konsumenten nicht gut vertragen.

5.7.2 Kurkuma Wurzel

Gut bei Schmerzen in Brust oder Abdomen, Hämatome, gynäkologische Beschwerden, Tumore.
Nicht bei Leber- oder Gallenentzündungen oder Schwangerschaft verwenden.

5.7.3 Reishi

Regeneriert die Leber, wirkt entgiftend und entzündungshemmend. Gut gegen chronischer Hepatitis, Schwellungen, Rötungen und Juckreiz. Reguliert das Immunsystem, weckt und unterstützt die Selbstheilungskräfte. Verbessert die Sauerstoffsättigung des Blutes. Als Zugabe zu Tee, Kakao oder Kaffee. Als Kapseln, Extrakt, Pulver oder ganzer Pilz.
Reishi ist reich an Mineralstoffen und Spurenelementen Magnesium, Kalium, Calcium, Eisen, Zink, Kupfer, Mangan und organisch gebundenes Germanium, welches in der Tumortherapie und für die Interferonproduktion eine große Rolle spielt. Wertvollen Polysaccharide, Glykoproteine, Proteoglykane, Triterpene, Sterole, Alkaloide und eine Vielzahl weiterer hochaktiver Wirksubstanzen.

5.7.4 Schmetterlingsporling, Yun Zhi, Kawaratake

Stark antioxidative und das Immunsystem modulierende Wirkung. Regenerative Wirkung auf Leber und Milz.
Einer der wichtigsten Vitalpilze bei erregerbedingten Erkrankungen. Sowohl gegen Viren wie Coxackie-, Epstein Barr- oder Human Papilloma, als auch gegen Protozoen (Einzeller) wie Leishmanien und den Malariaerreger. Des Weiteren hemmt der Pilz Hefepilze wie Candida albicans und Bakterien wie Strepto- und Staphylokokken.
Der Coriolus ist ein sehr gut verträglicher Pilz, sollte aber in der Schwangerschaft wegen seiner antiöstrogenen Wirkung nicht eingenommen werden.

6 Grundlagen der Ernährung

Die hier beschriebenen Grundlagen der Ernährung zeigen allgemeine Empfehlungen und beziehen sich nicht auf eine spezielle Therapieform. Die Empfehlungen der Therapie haben Vorrang.

6.1 Ernährung

Die regelmäßige Einnahme von Mahlzeiten in entspannter Atmosphäre. Ein wärmendes Frühstück gilt als guter Start in den Tag. Mittags sollte die Hauptmahlzeit stattfinden - das Abendessen am frühen Abend.

Die Beachtung von Hunger- und Sättigungsgefühlen: Nicht überessen und nicht hungern, so lautet die Regel.

Die frische Zubereitung der Speisen aus naturbelassenen, regionalen Produkten. Tiefgekühlte, hitzekonservierte, industriell vorgefertigte oder mikrowellengegarte Lebensmittel werden gemieden.

Die Auswahl von Lebensmittel nach der Jahreszeit: Im Sommer mehr kühlende Nahrung, im Winter mehr wärmende Nahrung.

Mindestens zweimal am Tag Gekochtes essen. Speisen und Getränke sollen möglichst handwarm, niemals eiskalt oder heiß sein.

Rohkost, kurz gegartes Gemüse, frisch gepresste Säfte und Mineralwasser werden üblicherweise nicht empfohlen. Milch und Milchprodukte stehen nur dann auf dem Speiseplan, wenn sie problemlos vertragen werden.

Therapeutische Rezepte nicht über einen längeren Zeitraum ohne Rücksprache mit dem Arzt oder Therapeuten einnehmen.

1. Vielseitig essen
Lebensmittelvielfalt genießen. Merkmale einer ausgewogenen Ernährung sind abwechslungsreiche Auswahl, geeignete Kombination und angemessene Menge nährstoffreicher und energiearmer Lebensmittel. (Einerseits Schutz vor Unterversorgung mit essentiellen Nährstoffen und andererseits Schutz vor einer überhöhten Zufuhr unerwünschter Inhaltsstoffe.)

2. Reichlich Getreideprodukte - und Kartoffeln
Brot, Nudeln, Reis, Getreideflocken (am besten aus Vollkorn), sowie

Kartoffeln enthalten kaum Fett, aber reichlich Vitamine, Mineralstoffe, Spurenelemente sowie Ballaststoffe und sekundäre Pflanzenstoffe. Diese Lebensmittel sollten mit möglichst fettarmen Zutaten verzehrt werden.

3. Gemüse und Obst - Nimm "5" am Tag ...

5 Portionen Gemüse und Obst am Tag, möglichst frisch, nur kurz gegart, oder auch eine Portion als Saft – idealerweise zu jeder Hauptmahlzeit und auch als Zwischenmahlzeit: Damit werden reichlich Vitamine, Mineralstoffe sowie Ballaststoffe und sekundären Pflanzenstoffe (z.B. Carotinoiden, Flavonoiden) zugeführt. Das Beste, was man für die eigene Gesundheit tun kann.

4. Täglich Milch und Milchprodukte, ein- bis zweimal in der Woche

Fisch; Fleisch, Wurstwaren sowie Eier in Maßen. Diese Lebensmittel enthalten wertvolle Nährstoffe, wie z.B. Calcium in Milch, Jod, Selen und Omega-3-Fettsäuren in Seefisch. Fleisch ist wegen des hohen Beitrags an verfügbarem Eisen und an den Vitaminen B1, B6 und B12 vorteilhaft. Mengen von 300 - 600 g Fleisch und Wurst pro Woche reichen hierfür aus. Fettarme Produkte bevorzugen, vor allem bei Fleischerzeugnissen und Milchprodukten.

5. Wenig Fett und fettreiche Lebensmittel

Fett liefert lebensnotwendige (essenzielle) Fettsäuren und fetthaltige Lebensmittel enthalten auch fettlösliche Vitamine. Fett ist besonders energiereich, daher kann zu viel Nahrungsfett Übergewicht fördern, möglicherweise auch Krebs. Zu viele gesättigte Fettsäuren fördern langfristig die Entstehung von Herz-Kreislauf-Krankheiten. Pflanzliche Öle und Fette bevorzugen (z.B. Raps-, Oliven- und Sojaöl und daraus hergestellte Streichfette). Auf unsichtbares Fett achten, das in Fleischerzeugnissen, Milchprodukten, Gebäck und Süßwaren sowie in Fast-Food- und Fertigprodukten meist enthalten ist. Insgesamt 70 - 90 Gramm Fett pro Tag reichen aus.

6. Zucker und Salz in Maßen

Nur gelegentlich Zucker und Lebensmittel, bzw. Getränke verzehren, die mit verschiedenen Zuckerarten (z.B. Glucose Sirup) hergestellt wurden. Kreativ mit Kräutern und Gewürzen und wenig Salz würzen. Jodiertes Speisesalz bevorzugen.

7. Reichlich Flüssigkeit

Wasser ist absolut lebensnotwendig. Jeden Tag rund 1-2 Liter Flüssigkeit trinken. Wasser (ohne oder mit Kohlensäure) und andere kalorienarme Getränke bevorzugen. Alkoholische Getränke sollten nicht konsumiert werden.

8. Schmackhaft und schonend zubereiten

Die jeweiligen Speisen bei möglichst niedrigen Temperaturen garen, soweit es geht kurz, mit wenig Wasser und wenig Fett - das erhält den natürlichen Geschmack, schont die Nährstoffe und verhindert die Bildung schädlicher Verbindungen.

9. Sich Zeit nehmen und das Essen genießen

Bewusstes Essen hilft, richtig zu essen. Auch das Auge isst mit. Sich beim Essen Zeit lassen. Das macht Spaß, regt an, vielseitig zuzugreifen und fördert das Sättigungsempfinden.

10. Auf das Gewicht achten und in Bewegung

Ausgewogene Ernährung, viel körperliche Bewegung und Sport (30 bis 60 Minuten pro Tag) gehören zusammen. Mit dem richtigen Körpergewicht fühlt man sich wohl und fördert die Gesundheit.

Thermik, Wirkrichtung, Verdauungskraft

Es gibt unterschiedliche Kriterien, die Wirksamkeit von Kräutern und Lebensmittel zu beurteilen. Der Einsatz der Kräuter und Zutaten basiert auf Beobachtung, was die Lebensmittel, Kräuter und Gewürze nach ihrem Verzehr im Körper bewirken. In der Medizin hat sich daraus folgendes System entwickelt: Jede Zutat oder Kraut hat eine Wirkrichtung. Außerdem gibt es noch Kräuter, die eine besondere Wirkung auf bestimmte Organe haben.

Voraussetzung für einen gesunden Stoffwechsel ist es, darauf zu achten, dass wir ausreichend Energie aus der Nahrung gewinnen und der Verdauungsprozess so wenig Energie wie möglich verbraucht. Eine bekömmliche Mahlzeit macht zufrieden und satt, verursacht keine Blähungen und keine Müdigkeit nach dem Essen. Richtiges Würzen erhöht die Bekömmlichkeit unserer Speisen. Es genügen oft schon geringe Mengen an Kräutern und Gewürzen. Sie dienen nicht dazu, uns satt zu machen, sondern helfen unseren Verdauungsorganen, die Nahrung zu verdauen.

6.2 Rezepte

Die Rezepte zeigen Ihnen welche Zutaten verwendet werden sowie mit der Kochanleitung wie diese zubereitet werden. Bei den Zutaten wird neben den Mengenangaben auch die Wichtigkeit für die Therapie angezeigt. Wenn dabei angezeigt wird "weniger als angegeben" versuchen Sie diese Empfehlung einzuhalten oder eine Alternative aus der Liste der "Empfohlenen Lebensmittel" zu finden. Meistens ist es nur eine leichte geschmackliche Änderung wenn Sie diese Zutat gänzlich weglassen.

Schonende Kochmethoden: Kochen, dämpfen, pochieren, dünsten
Scharfe Kochmethoden: Grillen, rösten, anbraten, räuchern
Ausgeglichene Kochmethoden: Frittieren, Römertopf

Auf das Einfrieren und erwärmen in der Mikrowelle sollte verzichtet
werden (Denaturierung).

6.3 Lebensmittel

Lebensmittel wirken wie Heilkräuter auf Körper und Geist, nur wesentlich
sanfter. Die Ernährungsberatung stützt sich hauptsächlich auf heimische
Lebensmittel. Das Wissen über die Wirkungsweisen jedes einzelnen
Lebensmittels und das Wissen wann welche Lebensmittel zur
Anwendung kommen, entstammt der Schulmedizin. Verwende Sie
möglichst Erzeugnisse aus ökologischen-biologischem Landbau.

Da wegen der besseren Verdaulichkeit grundsätzlich alles lange gekocht
und kaum roh gegessen wird, ist die Verträglichkeit hervorragend.

Die Einteilung der Lebensmittel entsprechend ihrer Wirkung auf den
Körper und bildet die Basis, um einen ausgewogenen und harmonischen
Gesundheitszustand im Körper zu erreichen.

Grundsätzlich empfiehlt die Ernährungsberatung keine bestimmten
Lebensmittel für Jedermann. Ausschlaggebend für den individuellen
Speiseplan ist vor allem die persönliche Konstitution.

Kaufen Sie nur frisches und reifes Obst und Gemüse ein. Braune Stellen,
welke Blätter aber auch unreifes Obst und Gemüse sollten Sie im
Supermarkt zurücklassen. Greifen Sie dann zu Tiefkühlware (keine
Fertiggerichte!). Tiefkühlobst und -gemüse werden kurz nach dem Ernten
schockgefroren und enthalten deshalb oftmals mehr Vitamine und
Mineralstoffe, als die Ware aus der Obst- und Gemüsetheke! Konserven-
und Dosenware dagegen enthält wesentlich weniger Biostoffe. Zudem
werden Letztere meist mit Salz, Zucker usw. angereichert. Lassen Sie die
Zutaten nach dem Waschen nie im Wasser liegen, denn so gehen viele
Vitalstoffe ins Wasser über! Putzen Sie Salate, Früchte und Gemüse erst
unmittelbar vor Verzehr.

Beachten Sie bitte die hygienische Verarbeitung der Lebensmittel.
Waschen Sie Ihre Salate, Früchte und Gemüse gründlich. Bei Gerichten
mit Fleisch bereiten Sie zuerst die Zutaten vor und verarbeiten dann die

Fleischprodukte. Reinigen Sie danach die Arbeitsflächen und Werkzeuge besonders gründlich. Holzunterlagen sollten regelmäßig mit leichtem Desinfektionsmittel behandelt werden um die Keimbildung einzuschränken.

Bewahren Sie Obst und Gemüse möglichst getrennt voneinander auf. Auch geerntete Früchte und Gemüse leben und strömen z.B. Ethylengas aus, das andere Sorten schneller reifen und altern lässt. Fleisch und Fisch in der verschlossenen Verpackung lassen oder in luftdichten Boxen im Kühlschrank aufbewahren.

6.4 Kräuter

Bei der Aufbewahrung und Lagerung von Heilkräutern, müssen gewisse Grundregeln beachtet werden. Grundsätzlich müssen Heilkräuter geschützt vor direkter Sonneneinstrahlung, vor Feuchtigkeit und vor heißen Temperaturen gelagert werden.

Als Gefäße für die Lagerung von Heilkräutern können Gläser, Keramik-Behälter und zur Not auch Plastik-Dosen eingesetzt werden. Plastik ist aber ein sehr unreines Material und sollte daher wirklich nur eine kurzfristige Notlösung sein. Bei Glasbehältern ist darauf zu achten, dass dunkles Glas verwendet wird.

Heilkräuter können nicht beliebig lange aufbewahrt werden. Die Haltbarkeit von Heilkräutern ist auf jeden Fall begrenzt. Durch die Haltbarkeitsdauer kann durch sachgerechte Lagerung wesentlich erhöht werden. So soll der Lagerplatz dunkel, eher kühl und absolut trocken sein. Ein Medizinschrank aus Holz, der nicht direkt bei einer Wärmequelle platziert ist wäre ideal. Um Ihre Heilkräuter nicht wegwerfen zu müssen, kaufen Sie nicht zu große Mengen an Heilpflanzen. Beschriften Sie die Behälter mit dem Namen des Heilkrauts und dem Datum der Ernte bzw. der Verarbeitung.

7 Weitere Ernährungsvorschläge

Folgende Syndrome der Diätetik, der TCM oder als Therapieergänzung bei Krebs sind verfügbar.

DIÄTETIK

1. Ernährung des Säuglings - Beikost
2. Ernährung in der Stillzeit
3. Ernährung im Alter
4. Ernährung von Kindern und Jugendlichen
5. Ernährung von Sportlern
6. Leichte Vollkost
7. Schwangerschaft
8. Vollkost

Eiweiß und Elektrolyt – Nieren
9. (Hämo-)Dialysebehandlung
10. Akutes Nierenversagen
11. Chronische Niereninsuffizienz
12. Nephrotisches Syndrom
13. Nierensteine (Nephrolithiasis)

Gastrointestinaltrakt - Bauchspeicheldrüse
14. Akute Pankreatitis (Entzündung der Bauchspeicheldrüse)
15. Chronische Pankreatitis (Entzündung der Bauchspeicheldrüse)

Gastrointestinaltrakt - Dünndarm und Dickdarm
16. Akute Obstipation (Verstopfung)
17. Chronische Obstipation (Verstopfung)
18. Colon irritabile
19. Divertikulitis
20. Erworbene Laktoseintoleranz (Laktosemalabsorption)
21. Fruktosemalabsorption
22. Glutensensitive Enteropathie (Zöliakie)
23. Kolektomie
24. Kurzdarmsyndrom

Gastrointestinaltrakt - Leber, Gallenblase, Gallenwege
25. Akute und chronische Hepatitis (Entzündung der Leber)
26. Cholelithiasis (Gallensteine)
27. Fettleber
28. Leberzirrhose

Gastrointestinaltrakt - Magen und Zwölffingerdarm
29. Akute Gastritis
30. Chronische Gastritis
31. Magenblutung
32. Ulcus ventriculi und Ulcus duodeni
33. Zustand nach Magenoperation

Gastrointestinaltrakt - Mundhöhle und Speiseröhre
34. Mundschleimhautentzündung
35. Ösophaguskarzinom (Speiseröhrenkrebs)
36. Reflüxösophagitis (Sodbrennen)

spezielle Krankheiten
37. Phenylketonurie (PKU)
38. Rheumatische Gelenkserkrankungen

Stoffwechsel

39. Adipositas (Übergewicht)
40. Diabetes mellitus
41. Essstörungen (Untergewicht)

Fettstoffwechsel

42. Hypercholesterinämie (erhöhter Cholesterinspiegel)
43. Hepatische Enzephalopathie

Herz- und Kreislauf

44. Arteriosklerose (Arterienverkalkung)
45. Herzinsuffizienz
46. Hypertonie (Bluthochdruck)
47. Hyperurikämie und Gicht

veränderter Nährstoffbedarf

48. bei Fieber
49. bei malignen Erkrankungen
50. nach Verbrennungen
51. Strahlen- und Chemotherapie

KREBS

100. Bauchspeicheldrüse
101. Blasenkrebs
102. Blutkrebs (Leukämie)
103. Brustkrebs
104. Darmkrebs
105. Magenkrebs
106. Nierenkrebs
107. Speiseröhrenkrebs

TCM

200. Blase - Feuchte Hitze in der Blase
201. Blase - Feuchtigkeit und Kälte in der Blase
202. Blase - Leere und Kälte in der Blase
203. Dickdarm - äussere Kälte befällt den Dickdarm
204. Dickdarm - Feuchte Hitze im Dickdarm
205. Dickdarm - Hitze blockiert den Dickdarm II akut
206. Dickdarm - Trockenheit des Dickdarms
207. Dickdarm - Yang Mangel (Kälte)
208. Herz - Blut Mangel
209. Herz - Blut Stagnation
210. Herz - Feuer
211. Herz - Heisser Schleim verstopft die Herzporen
212. Herz - Kalter Schleim verstopft die Herzporen
213. Herz - Qi Mangel
214. Herz - Yang Mangel
215. Herz - Yin Mangel
216. Leber - aufsteigender Leber-Yang
217. Leber - Blut-Mangel
218. Leber - Blut-Stagnation
219. Leber - feuchte Hitze in Leber und Gallenblase
220. Leber - Feuer
221. Leber - Gallenblase Qi-Leere
222. Leber - Kälte im Lebermeridian
223. Leber - Qi-Stagnation

224. Leber - Wind
225. Leber - Wind mit aufsteigendem Leber Yang
226. Leber - Wind mit Blutleere
227. Leber - Wind mit extremer Hitze
228. Lunge - Qi Mangel
229. Lunge - Schleim-Feuchtigkeit in der Lunge
230. Lunge - Schleim-Hitze in der Lunge
231. Lunge - Schleim-Kälte in der Lunge
232. Lunge - Trockenheit der Lunge
233. Lunge - Wind-Hitze befällt die Lunge
234. Lunge - Wind-Kälte befällt die Lunge
235. Lunge - Yin Mangel
236. Magen - Blutstagnation
237. Magen - Feuer
238. Magen - Magenkälte mit Flüssigkeit
239. Magen - Nahrungsstagnation
240. Magen - Qi Mangel
241. Magen - rebellierendes Magen Qi
242. Magen - Yin Leere
243. Milz - Hitze und Feuchtigkeit befällt die Milz
244. Milz - Kälte und Feuchtigkeit befällt die Milz
245. Milz - Qi Mangel
246. Milz - Qi Mangel + Absinkendes MilzQi
247. Milz - Qi Mangel + Milz kontrolliert das Blut nicht
248. Milz - Yang Mangel
249. Niere - Herz und Niere kommunizieren nicht mehr
250. Niere - Jing Mangel
251. Niere - Nieren können das Qi nicht empfangen
252. Niere - Qi ist nicht fest
253. Niere - Yang Mangel
254. Niere - Yin Mangel